MEN 5937208788287

WITHDRAWN

WORN, SOILED, OBSOLETE

Terapia del alma

KHALED BENTOUNES

Terapia del alma

EDICIONES OBELISCO

Si este libro le ha interesado y desea que le mantengamos informado sobre nuestras publicaciones, escríbanos indicándonos qué temas son de su interés (Astrología, Autoayuda, Ciencias Ocultas, Artes Marciales, Libros Infantiles, Naturismo, Espiritualidad, Tradición) y gustosamente le complaceremos.

Puede consultar nuestro catálogo en www.edicionesobelisco.com

Colección Espiritualidad, Metafísica y Vida interior
TERAPIA DEL ALMA
Khaled Bentounes

1.ª edición: noviembre de 2012

Título original: *Thérapie de l'âme*

Fotocomposición: *Text Gràfic*
Corrección: *M.ª Jesús Rodríguez*
Diseño de cubierta: *Joan Rosique*
sobre una imagen de Fotolia

© 2011, Éditions Albin Michel
(Reservados todos los derechos)

© 2012, Ediciones Obelisco, S. L.
(Reservados todos los derechos para la presente edición)

Edita: Ediciones Obelisco, S. L.
Pere IV, 78 (edif. Pedro IV) 3.ª planta, 5.ª puerta
08005 Barcelona - España
Tel. 93 309 85 25 - Fax 93 309 85 23
E-mail: info@edicionesobelisco.com

Paracas 59 C1275AFA Buenos Aires - Argentina
Tel. (541 - 14) 305 06 33 - Fax: (541 - 14) 304 78 20

ISBN: 978-84-9777-895-4
Depósito legal: B-28.491-2012

Printed in Spain

Impreso en España en los talleres gráficos de Romanyà/Valls, S. A.
Verdaguer, 1 - 08786 Capellades (Barcelona)

Reservados todos los derechos. Ninguna parte de esta publicación, incluido el diseño de la cubierta, puede ser reproducida, almacenada, transmitida o utilizada en manera alguna por ningún medio, ya sea electrónico, químico, mecánico, óptico, de grabación o electrográfico, sin el previo consentimiento por escrito del editor. Diríjase a CEDRO (Centro Español de Derechos Reprográficos, www.cedro.org) si necesita fotocopiar o escanear algún fragmento de esta obra.

«La enfermedad está en ti, y no ves nada.
El remedio viene de ti, y no sabes nada.
Tú crees que no eres nada más
que un cuerpo minúsculo,
mientras que en ti se encuentra el Macrocosmos
con mayúscula».

Sheij al-'Alâwî*

---

*Sheij al-'Alâwî, *Sagesse céleste. Traité de soufisme,* La Caravane, 2007.

Agradecimientos

Este libro fue publicado gracias a los primeros miembros de la Asociación Terapia del alma que aportaron su ayuda y contribución. En particular, aquellos que reescribieron los textos de los seminarios, Francoise y Younés Aberkane, y quien acompañó su puesta en forma con paciencia y dedicación, Anthony Blanc.

Introducción

Este libro nace de una iniciativa y de una preocupación para preservar y actualizar una enseñanza espiritual milenaria. Ha ayudado en el pasado a una cantidad de mujeres y hombres en búsqueda de medios capaces de apaciguar y curar los males que turban y pervierten el alma humana. Toma nociones fundamentales de la tradición coránica a través de una visión sufí que nos revela todo lo que puede aportarnos esta enseñanza universal sobre la Terapia del alma.

Gracias a esos encuentros y a los seminarios que se realizaron durante muchos años, un precioso material fue reunido y destacado. Ayudará a todos aquellos que desean puntos de referencia e indicaciones para enriquecer el debate actual sobre aproximaciones terapéuticas alternativas y responder a las cuestiones esenciales que tocan lo más profundo del ser humano. Esta enseñanza espiritual permite superar los tabúes, el conservadurismo, abrir nuevas perspectivas de búsqueda, que parecerán heréticas para algunos, pero decisivas para otros: para aquellos que están en búsqueda de horizontes desconocidos y respuestas fecundas de cara a la situación inédita que atraviesa la humanidad de hoy.

La vía sufí nos invita a la humildad y a no pretender ser dueños de la verdad, sino al contrario, a buscar en lo más profundo de nosotros a pesar de la opacidad de los velos que se acumulan después de siglos en esta tradición. Tomar la iniciativa y tener el coraje de escribir verdades que perturban, con el sólo fin de restituir la herencia común y universal de la humanidad y de hacer un servicio a sus semejantes, es una exigencia y una responsabilidad que se inscribe en la perpetuación de esta vía a la que están vinculados todos mis predecesores. Que cada uno encuentre aquello que necesita para aclarar y ayudar a su prójimo.

1
«Luz sobre luz»[1]

La luz y la oscuridad son parte de un paradigma fecundo que la tradición sufí ha transmitido y puesto en evidencia para aportar un esclarecimiento a las numerosas preguntas que el hombre se plantea sobre sí. El maestro sufí Jalal Din Rumi nos proporciona la más brillante ilustración a través de esta sabiduría:

El hombre es un istmo entre la luz y la oscuridad.

Tenemos aquí una llave que nos da acceso a una primera definición del hombre. Comparar al ser humano con un istmo que se ubicaría en el cruce de la luz con la oscuridad, es definirlo como uno entre dos, ni absolutamente ángel, ni absolutamente demonio, un ser desagarrado entre un deseo de elevación espiritual y los deseos de su ego narcisista.

---

1. Corán XXV, 35.

La Luz y la oscuridad

Buscando profundizar en el sentido de estas palabras, vemos que la luz mantiene una relación contradictoria con la oscuridad. Si, en efecto, la luz nos aclara tanto sobre nuestras debilidades como sobre la ignorancia de uno y del mundo, dándonos la impresión de poder llevar lo desconocido a lo conocido. La oscuridad, por el contrario, no deja de frustrar la idea de una finitud del conocimiento humano. Aquí que reside la paradoja de la luz: cuanto más se expande ella, más pone de manifiesto nuestras zonas de sombra.

Por esta razón aquel que pide siempre más luz no hará más que acrecentar su perplejidad de cara a la extraordinaria complejidad del mundo y del hombre. El desarrollo exponencial de los conocimientos tanto en la escala de lo infinitamente pequeño como en lo infinitamente grande no podrá evitar que el espíritu vaya de pregunta en pregunta, de enigma en enigma, suscitando siempre más dificultades frente al abismo de lo incognoscible. No concluimos que sea preferible quedarse en la ignorancia bajo el pretexto que, al menos, tranquiliza y trae un cierto confort intelectual.

El Conocedor puede a veces sufrir por su conocimiento en razón del perfeccionamiento de su conciencia y de su mayor sensibilidad para las realidades contradictorias que se le plantean, al punto de extrañar la época en la que no sabía. Sobre este tema, el Sheij al-'Alâwî en sus *Sagesses* nos dice:

> Cuantos ignorantes se regocijan de su ignorancia y cuantos conocedores se lamentan de su conocimiento.

Sin embargo, su recompensa viene de una luz más sutil y más pura, de la guía divina, que calma sus dudas y restaura sentido y esperanza a su vida. En realidad, la perplejidad deja lugar a una certeza interior si, frente al océano de nuestra ignorancia, nos entregamos espontáneamente a Dios, para encontrar en Él la fuente de apaciguamiento. Es la luz de la fe la que jugará un tiempo ese rol. La guía divina nos aclara, pero permanece la perplejidad hasta que el despertar progresivo de nuestra conciencia, que de ello resulta, se acompaña de una certeza interior más grande como lo afirma el versículo:

> Adora a tu Señor hasta que recibas la certeza.
>
> Corán, XV, 99[2]

Por su conciencia, el hombre se convierte en el receptáculo de la luz que tiene por rol la comprensión de lo más puro que hay en ella. Así, el grado de calidad de la luz que recibe dependerá del grado de desarrollo de su conciencia. Al igual que todas las sombras se retiran cuando el sol está en el cenit, la oscuridad del ser desaparece enteramente cuando se encuentra en el eje vertical de la Luz divina. Ciertamente, uno de los versículos más meditados en la tradición sufí, el «Versículo de la Luz», define a Dios como Luz. Es así como Él mismo se presenta a través del Corán:

> Dios es la Luz de los cielos y la tierra.
>
> Corán, XXIV, 35

Existen, entonces, cualidades diferentes de la luz, a partir de las cuales nosotros podemos elevarnos de la conciencia individual a la conciencia universal pasando por la conciencia colectiva, hasta que accedamos, por un juego de ocultamiento y revelación sucesivos, a la fuente de toda Luz, donde allí no hay más que la Realidad, más que Él *(Huwa)*, término que entre los sufís designa la instantaneidad divina a través del espacio y el tiempo.

---

2. Las traducciones del Corán son del autor.

Las diferentes cualidades de luz

¿Qué experiencias tenemos comúnmente de la luz? En principio es el medio por el cual nosotros vemos. La primera luz en el ser humano son sus ojos, y más generalmente sus significados: la luz sensible es efectivamente la más evidente e inmediata. La segunda luz se encuentra alrededor de nosotros en estado bruto, resulta de la irradiación solar que cada mañana aclara y muestra al mundo en su realidad material. Por ella percibimos las formas y los colores, lo animado y lo inanimado.

Podemos profundizar en estas distinciones comparando la razón *('aql)* con una luz intelectual más sutil que la del mundo sensible en la medida que nos permite reflexionar y discernir lo verdadero de lo falso, el bien del mal. ¿No se dice que una persona que pierde su razón no es responsable de sus actos y sus palabras? Finalmente, la fe *(îmân)* puede ser considerada, bajo la forma descripta por la tradición, como una luz interior más sutil y más intensa que la de la razón pero que no produce certeza definitiva y absoluta. La intensidad y la pureza de la luz dependen entonces de los estados de conciencia por la cual el espíritu humano a medida que lo solicita va pasando por sus diferentes facultades de conocimiento.

Es por la apertura (expansión) de la conciencia universal que el ser humano es llevado a descubrir la luz suprema que le permite alcanzar el estado de certeza gracias al cual se baña en la luz divina. En la tradición sufí, el conocimiento espiritual que ata al hombre a un centro, a un origen, a una realidad última es, por supuesto, el súmmum de esta luz descrita por el Corán (CII, 7) como la ciencia de la certeza, entonces «el ojo de la certeza».

La ambivalencia de la luz

Si hemos identificado la luz no sólo con la percepción de las cosas, sino también con la razón humana, con la fe y con el conocimiento espiritual que alimenta este estado de certeza, o sea, con todos los modos posibles de conocimiento, podemos decir que esta luz física, intelectual y espiritual sigue siendo difícil de alcanzar. No sólo la luz nos refiere cualidades de luz siempre más imperceptibles e inconcebibles, sino a veces también nos hace equivocar sobre el «verdadero Real»:

> ¿No son los que canjearon la Verdad con el error? ¿No han sido extraviados haciendo un negocio equivocado?
>
> Corán, II, 16

En efecto, nuestra vista no puede percibir lo que está oculto detrás de un velo, ni aprehender la dimensión real de los fenómenos. No es únicamente nuestro propio punto de vista que nos engaña sino también todos nuestros sentidos; no olvidemos que son para nosotros los guías de nuestra razón, como lo dice el Corán (II, 17-18):

> Son como uno que alumbra un fuego. En cuanto éste ilumina lo que le rodea, Dios se les lleva la luz, los deja en tinieblas y no ven. Son sordos, mudos, ciegos, no pueden encontrar la Vía del Señor.
>
> Corán, II, 17, 18

Retomando una por una las diferentes luces que hemos evocado, vemos que, cada vez los límites aparecen. Incluso la luz de la razón, que es generalmente considerada como el instrumento privilegiado del conocimiento humano, es restringida. Se han elaborado teoremas e hipótesis que están fundados en análisis rigurosos y con experimentos. Esto no es más que un conocimiento parcial y relativo que algún día podrá ser refutado por la observación de nuevos hechos que desembocarán en un callejón sin salida. Lo mismo que la luz de la fe está limitada en sí misma, puesto que nos hace atravesar momentos de duda. Debilitándose, puede que la fe no sea la garante de nuestras certezas interiores.

Es entonces por la cualidad de la luz que las formas, desde las más sensibles a las más etéreas, se nos manifiestan progresivamente, limitando y ocultando siempre la luz divina. Por lo tanto, esos velos y esas limitaciones tienen un papel indispensable: son el efecto de una misericordia divina destinada a proteger al ser humano del deslumbramiento que podría provocar una luz muy cegadora cuando el espíritu no está aún preparado para recibir, o que todavía no tiene la capacidad de comprender. También, la tradición nos recuerda que existen setenta mil velos que nos separan de Él.

Sólo Dios es, en el sentido propio del término, la Luz, pues ningún velo, ni ningún límite pueden definir su realidad aparente (visible) y oculta. Asimismo, si esta Luz baña con su irradiación el conjunto de la creación, la única y sola Luz es la Luz divina. Entonces toda pretensión humana de dominar y poseer la luz es una idea vana e ilusoria.

Luz sobre luz Dios guía hacia su luz a quien Él quiere.

Corán, XXIV, 35

Decir de Dios que es «Luz sobre Luz», es reconocer que no podemos, con todo rigor, afirmar nada de Él sin reducirlo a algo distinto de lo que Él es realmente. Estando más allá de todas las forma no lo podemos entender sino por una serie de negaciones, pues es mostrándose lo que Él no es, que Él nos revela lo que Él es en Sí mismo. Ello está ilustrado en el islam por la fórmula de atestiguación de la fe, la *shahâda*: no hay Dios sino Dios, donde la negación precede a la afirmación.

Por lo tanto, el ser humano no ha dejado nunca, tan lejos como se remonte en el tiempo, de querer, en la medida de lo posible, representarlo y hacer la experiencia de lo divino, pues según la enseñanza del maestro sufí Ibn 'Arabî:

> La representación de Dios no regresa más que al Hombre Universal, cuya forma exterior está creada de realidades (*haqâ'iq*) y de las formas del mundo, y cuya forma interior corresponde a la «forma» de Dios (es decir a la «suma» de los Nombres y Cualidades divinas).[3]

Las diferentes etapas de la creación

En efecto, la tradición sufí enseña que en el origen el universo era lo No-Manifestado *(al-'amâ')*:

> Yo era un tesoro oculto y quise hacerme conocer. Por ello he creado a las criaturas y por ellas me hice conocer.[4]

Si lo No-Manifestado es generalmente considerado como la nada, por lo tanto, es de allí que va a surgir la manifestación de la creación. Este «puñado de Luz».[5]

Acto fundador del universo, surgió de esta eterna anterioridad.

> La tradición sufí no sitúa la edad de la creación. La meditación de los maestros sobre el Libro divino nos transmite un símbolo, una parábola, una alegoría: Dios tomó un puñado de Su Luz. Él observa con el ojo de la Majestad, comienza a hervir, a vibrar hasta que la ebullición es una

---

[3]. Ibn 'Arabî, *La Sagesse des prophètes,* Albin Michel, col «Spiritualités vivantes», 1974, p. 36.

[4]. *Hadîth Qudsî*: palabra transmitida por la tradición profética fuera del Corán.

[5]. *Hadîth Qudsî.*

explosión, lo que da nacimiento al espacio y al tiempo, marcando así el inicio de la creación.[6]

Así se describe ante nosotros simbólicamente la creación. A través de la expansión de esta luz surge el primer día, el saber divino que totaliza toda la información y se proyecta más allá del segundo día por la Voluntad. El tercer día se manifiesta la Palabra por orden del *kûn* «¡sea!», el cuarto día corresponde a la capacidad de cada cosa de ser por ella misma. El quinto es el del Oído y el sexto el de la Vista. «El séptimo día la Vida tuvo su parte en la sesión divina sobre el Trono».[7]

A través de ese Todo viviente, de etapa en etapa, nacerá la diversidad de la creación, de la cual el ser humano, el último nacido, recibirá el Depósito (*Amâna*) como lo afirma el Corán (XXXIII, 72):

> Propusimos el Depósito a los cielos, a la tierra y a las montañas, pero se negaron a hacerse cargo de él, tuvieron miedo. El hombre, en cambio, se hizo cargo. Es ciertamente injusto e ignorante.

Por ese Depósito, el ser humano se distingue del resto de la creación. Es contradictoriamente un istmo entre dos posiciones, luz y oscuridad, y entre dos actitudes, justo e injusto. Si se vuelve hacia su naturaleza primordial, restablece el vínculo con la conciencia, encuentra la paz en sí y la propaga en derredor. Y si, lamentablemente, él la oculta y se vela de ella, cae en la perversión, en la oscuridad de su ser.

El hombre ha sido creado para ser a la vez el depositario y el lugarteniente de Dios, función para la cual el destino

---

6. Sheij Khaled Bentounés, *Vivre l'Islam. Le soufisme aujourd'hui*, Albin Michel, París, 2006, p. 124.
7. Sheij al-'Âlâwî, *La Divine Apparence*, cap. III, p. 7.

lo ha elegido. Rechazando esto, se vuelve injusto, intolerante, portador de muerte, de violencia e iniquidad hacia sus semejantes y el resto de las criaturas. Él se crea, en esta vida, su propio infierno interior ensombrecido en el temor y los deseos ilusorios.

Para salir de la ignorancia de sí mismo, el hombre tiene necesidad de esta Luz que captura la oscuridad, permitiendo una toma de conciencia, haciendo de él un ser más responsable. Como dice el Corán (II, 257):

> Dios es el Amigo de los que creen, les saca de las tinieblas a la luz. Aquellos que no creen, los ídolos son sus amigos, que les hacen ir de la luz a la oscuridad.

Ese doble movimiento que nos conduce, de la luz a la oscuridad, es relativo a la guía divina permitiendo al ser humano encaminarse hacia esta fuente de Luz o alejarse de ella. El conocimiento, que es en sí mismo una orientación, puede a veces ser la fuente de perdición o de error, pues todas las formas de conocimiento no expulsan necesariamente a la oscuridad. No es forzosamente por la erudición que se puede alcanzar esta luz interior. Además, cada vez que se hace los «Saludos sobre el Profeta»[8] se recuerda que Muhammad era *ummî*.[9] Es para demostrar que el conocimiento que ha transmitido no es un conocimiento libresco, sino que es de un orden diferente y está al alcance de la mano, puesto que él mismo ha experimentado y vivido, como lo atestigua una tradición profética:

> Todos sois de Adán, y Adán es de tierra.

---

8. Fórmulas de salutación al finalizar las oraciones.
9. Lo que significa que el Profeta era virgen de todo saber.

La realidad mohammediana

Una indicación nos fue dada, un modelo a seguir nos es sugerido para adquirir esta luz, por nosotros, para nosotros:

> Tenéis en el Enviado de Dios un bello modelo.
>
> Corán, XXXIII, 21

Así, el ermitaño del Rif marroquí Ibn Mashîsh (1140-1228) evoca, en términos de imagen, en su célebre oración la *Mashîshiyya*, los principales atributos de la Realidad muhammadiana cuando se manifiesta entre los hombres realizados e iluminados:

> Dios mío, reza sobre aquel que derivan los secretos
> Y de quien brotaron las luces
> Aquel en quien suben las verdades metafísicas
> Y en quien fueron «descendidas» las ciencias de Adán, de manera que maravilla a las criaturas
> Aquel delante del cual disminuyen las inteligencias, de manera que, ninguno de nosotros, viejos ni seguidores no lo pueden tomar
> Los jardines del reino celeste adornados de la flor de belleza
> Y los cuencos de la Limitación divina desbordan con la efusión de sus luces
> No hay una sola cosa que no dependa de él
> Pues sin el mediador –como se dijo- desaparecería lo que de él depende
> Con una oración que sea digna de Ti, pronunciada por Ti para él, tal de lo que es digno de él
> Dios mío, él es Tu secreto total que da la prueba sobre Ti
> Y él es Tu velo supremo levantado delante de Ti
> Dios mío, júntame a su linaje y vuélveme digno de él
> Hazme conocer de un conocimiento que me preserve de las fuentes de la ignorancia, y por el cual abreve en las fontanas de la virtud
> Mantenme sobre su vía.

Ese maestro, que no dejó más que un solo discípulo como heredero espiritual, Abû l-Hasan Shâdilî, nos revela esta realidad muhammadiana en tanto principio mediador que hace que a través de Ella se descubra el secreto de las ciencias adámicas, y a través de estas últimas el conjunto del mensaje de la realidad profética de la cual el profeta Mohammed es a la vez el heredero y también el último eslabón que cierra el círculo. Todos los enviados, así como sus mensajes, se revelan a través de él como un espejo que refleja la luz como cada uno de ellos, en su época, ha sido el transmisor.

2

El despertar del sí mismo

Si el hombre es, como lo evoca Jalal Eddine Rûmí, un istmo que desarrolla su conciencia según una iluminación continua hecha de sombras y luces, su perplejidad ante la complejidad del mundo y de los seres, así armoniosamente ordenada, no tiene límites. Es entonces de esta perplejidad que nace en nosotros el deseo de dar un nuevo sentido a nuestra existencia, conectándonos con nuestro origen divino para alcanzar una mayor estabilidad interior y un apaciguamiento. Pero la mayor parte del tiempo, nosotros continuamos nuestras vidas sin preocuparnos de los tesoros preciosos con los cuales hemos venido al mundo, ese Depósito que lo divino dispuso en la *fitra* de cada ser, tal como lo atestigua el Profeta:

> Todo recién nacido viene al mundo según la naturaleza original (*fitra*).

Una definición de la *fitra*

La noción de *fitra* designa un estado de la naturaleza original, como si todo recién nacido viniese al mundo con una conciencia virgen, en el estado de *muslim*, de abandono a la voluntad divina. Y el Profeta aclara que son los padres que hacen de ese niño un judío, un cristiano o un zoroastriano. La educación paternal y los valores transmitidos en una sociedad dada vienen a inscribirse en nuestra *fitra*. Así, nos convertimos hoy en lo que nuestra cultura circundante ha hecho de nosotros, aun si no somos siempre conscientes de ello. Pero cada uno de nosotros posee en su *fitra* el mismo Depósito original. Éste es entonces el centro del ser a partir del cual va a operarse la construcción de nuestra propia individualidad. Es un principio de unidad que debe estar constantemente presente en nuestro espíritu, y hacia el cual hay que esforzarse en volver si queremos conocer el secreto de nuestra propia existencia.

Tomemos el ejemplo de la semilla de secuoya. Si la ponemos en la tierra, ella misma no germinará enseguida. Esperará a que haya allí una humedad y calor suficientes. En ese momento comenzará a germinar, y al germinar no toma cualquier dirección. Crece con un orden bien definido, en función de las condiciones meteorológicas del momento. Toda la información, en el origen del desarrollo de la planta, está completamente contenida en una pequeña semilla. Una pregunta se plantea entonces: ¿cómo esta información pudo ser almacenada en esa pequeña semilla?

Supongamos que seamos nosotros una semilla que ha sido proyectada en la vida de la misma manera que venimos al mundo. Desde la primera célula embrionaria llevamos en nosotros una información, pero a diferencia de la semilla del árbol, tenemos necesidad de la relación con los otros para desarrollar nuestra conciencia. Tenemos necesidad tanto del enemigo como del amigo, de aquel que nos rechaza como del que nos abre los brazos. No podemos evitar esas relaciones de intercambio cualquiera sea su naturaleza, entre nosotros y los otros a fin de que lo hemos recibido pueda existir y hacer de nosotros los individuos que somos. Tenemos necesidad, al mismo tiempo, de toda la diversidad de seres para construir nuestra propia individualidad. Aun un feto, en el vientre de su madre, siente y sufre las emociones. Si su madre es feliz, él lo siente. En consecuencia, lo que se denomina *fitra* es una especie de semilla que contiene a la vez toda la información, toda la voluntad y toda la capacidad de ser y que no ha sufrido nada aún. Y esta semilla está ya en el fondo de cada uno de nosotros, antes de nuestro nacimiento.

La afirmación de sí mismo

Si la tradición insiste sobre la noción de *fitra*, es simplemente para que nos afirmemos como seres responsables y autónomos. Cada uno de nosotros viene al mundo con esta naturaleza original para cultivar su singularidad y ser uno mismo. Sin embargo, si tenemos necesidad de los otros para construir nuestra individualidad, debemos evitar caer en la trampa del mimetismo para alcanzar nuestra individualidad. No podemos descubrir, saborear, percibir la realidad de nuestro ser más que llamando a este principio primero y liberándonos de las influencias exteriores. Esto significa que no estamos obligados a retirarnos o aislarnos del mundo; si vivimos en sociedad, es que la relación con el otro es indispensable, comprendida también cuando toma el aspecto de una lucha por el éxito social.

En efecto, la lucha no está exenta de interés tanto en sus aspectos positivos como negativos; para el ser humano representa un terreno favorable para el aprendizaje y la adquisición de experiencia, cualquiera sea el rol que se nos ha dispuesto dentro de la humanidad. Hemos hecho el esfuerzo de buscar la luz allí donde no pensábamos encontrarla, en las actividades profesionales y en las banalidades de la vida cotidiana. La tradición sufí nos enseña a volver sobre sí mismo, sin importar en qué momento nos encontremos de nuestra vida, y sin importar en qué situación social, para descubrir esta joya, perfecta e inalterable que todos llevamos en nosotros.

La igualdad divina

De esta manera, nadie puede pretender ser mejor que otro sobre el plano de la *fitra*. Aun un individuo discapacitado mental o físicamente nace en esta naturaleza original. Es un ser tan completo como otro juzgado «normal». Dios se muestra justo y misericordioso con cada una de sus criaturas, ninguna entre ellas no es ni buena ni mala desde el punto de vista de la *fitra* aun si, en el plano biológico, obviamente tengan diferencias.

Es solamente a partir de nuestros valores culturales y morales que decretamos, a menudo injustamente, cuáles son las criaturas puras e impuras. Pero, para lo Divino, no son ni la una ni la otra: no hay más que Sus criaturas. Si consideramos todas las realidades desde el punto de vista del Absoluto, comprenderemos que no es necesario determinar sobre tal o cual ser con relación a los juicios de valor. Todos los seres Le pertenecen y proceden de Su voluntad; todos provienen de esta única fuente del cual Él es el eterno Creador (al-Khâliq) y, una vez que su destino ha culminado, vuelven a Él:

Y hacia tu Señor es el retorno.

Corán, XCVI, 8

Si los derechos del hombre le aportaron una igualdad política y social, existe otra anterior a ésta y más esencial: la igualdad divina, es decir, la igualdad en dignidad de cada ser delante lo divino que nada puede enajenar.

Sí, hemos honrado a los hijos de Adán.

Corán, XVII, 70

La igualdad en dignidad es para nosotros la igualdad de la naturaleza original que, desde lo divino, vuelve toda vida humana sagrada:

Aquel que matara a una persona [...]
Es como si hubiese matado a toda la humanidad
Y quien salvara una vida
Es como si hubiera salvado las vidas de toda la humanidad.

Corán, V, 32

La educación del despertar

En la tradición sufí, la *fitra* es el zócalo sobre el que descansa nuestra herencia. Tenemos un centro en nosotros mismos, es el corazón y es la sede de nuestra conciencia. Todo lo que se añada nos traerá ya sea la luz, es decir el conocimiento, ya sea la oscuridad, es decir la duda, el temor y las perversiones. ¿Qué hacemos en la educación y transmisión de nuestras ideas, de nuestros valores y de nuestras convicciones dirigidas a nuestros hijos? Condicionamos su comportamiento a actuar o reaccionar de acuerdo con nuestras opiniones y las convenciones del entorno en el que nos encontramos. El error fatal que comenten a veces los padres es el de querer que sus hijos se les parezcan, que vivan como ellos han vivido. Es lo que ilustra pertinentemente las palabras de 'Alî Ibn Abî Tâlib, cuarto califa del Islam, sobrino y yerno del Profeta:

Educad a nuestros hijos para su época y no para la vuestra.

Pasamos nuestro tiempo sobrecargando nuestra naturaleza original añadiéndole velos. En ese proceso de aprendizaje de la vida se construye naturalmente nuestra personalidad. La educación comúnmente recibida de los padres y la escuela es, ciertamente, necesaria para desarrollar en la persona sus facultades intelectuales y físicas con el fin de prepararla mejor para la vida social, pero la mayor parte del tiempo, se vuelve un velo de nuestra realidad interior que no permite conducirla, de etapa en etapa, hacia la evolución de nuestro propio ser, yendo del ser dotado de razón hacia el ser metafísico.

Será más difícil para aquel que no ha tenido ni la posibilidad ni la voluntad de recibir una educación del despertar y alcanzar la conciencia de su naturaleza original. Pues, sólo esta última permite ser parte de lo conocido y lo desconocido de sí mismo. El ser conocido es el ser físico, biológico, racional; en cuanto al ser desconocido, es el ser suprasensible, metafísico y espiritual.

Pero lejos de conducir las conciencias por el camino del despertar, a menudo, la encerramos en concepciones limitadas encadenadas a nuestros propios ideales creyendo que hacemos bien. Es necesario, entonces, una cierta madurez del espíritu y la voluntad para liberarse. Ello no se hará por adoctrinamiento ni por ideología, sino por una convicción interior hacia la búsqueda de ese estado paradisíaco que tenemos aún en nuestra reminiscencia. Es un acto libre y voluntario que emana de nosotros para ir al descubrimiento de nuestra propia realidad y de nuestro propio ser a través de una intuición guiada, como lo testimonian las palabras del Sheij al-'Alâwî extraídas de *La Divine Apparence* relatando la caída de Adán y Eva:

> [...] sigue siendo cierto que haber comido de ese árbol era en sí mismo una prueba que existía en la humanidad, la aptitud para ejercer su voluntad de manera autónoma.

El Depósito y los orígenes inferiores del hombre

Cada uno, de una manera o de otra, va al encuentro de sí mismo. Nadie puede escapar de ello. ¿Irá hasta el final de esta experiencia teniendo conciencia del sentido profundo de esta búsqueda? ¿Sabrá llevarla sin pasión? La educación del despertar da respuestas a estas preguntas. No es una ecuación hecha de tabúes y prohibiciones, aun si es necesario para cada uno de nosotros conocer los límites de lo lícito y de lo ilícito, de lo útil y lo perjudicial.

Esta enseñanza es una ecuación de la conciencia que necesita una cierta madurez y un esfuerzo sobre sí constante, si queremos actualizar las potencialidades de nuestro ser. Dicho esto, cualquiera que sea el grado del despertar de la conciencia individual y colectiva, la relación con nuestros propios orígenes nos lleva, de una manera o de otra, a la búsqueda de nuestra verdadera naturaleza. El Depósito, (*Amâna*), nos ha permitido extraer de nuestros orígenes inferiores, minerales, vegetales y animales para elevarnos al estado humano que dio paso a través de su evolución a la humanidad actual. Es gracias a esos atributos salidos de la esencia divina y contenida en el Depósito: la información, la voluntad, la capacidad, la palabra, el oído, la vista, que la vida humana evoluciona y se perpetúa de generación en generación.

A pesar de su grado de desarrollo, el ser humano no pudo abstraerse completamente de sus orígenes inferiores. Éstos tienen diferentes incidencias sobre su comportamiento y cualidades. La dureza de algunos individuos a menudo proviene, por comparación, de su origen mineral, mientras que la inestabilidad es debida a su origen vegetal. En cuanto a la agresividad que los habita, evidentemente, es una relación con su origen animal.[1] Son otras etapas necesarias constitutivas de la realidad humana que, ciertamente, testi-

---

1. Sheij al-'Alâwî, *Recherches philosophiques,* Edición «Les Amis de l'Islam», 1984, p. 15.

monian su pasaje por la cadena de la creación pero que no determinan su verdadero ser. El hombre realizado es aquel que se libera de sus tres orígenes inferiores para, de hecho, perfeccionar su humanidad. Por el momento, nosotros estamos siempre en vía de realización y cumplimiento. No es por nuestro nacimiento que se nos confiere espontáneamente nuestra humanidad. Aun si, sobre el plano biológico, tenemos características propias que nos distinguen de otras especies animales, que no son las diferencias esenciales para el cumplimiento de nuestra humanidad. Sobre ese plano, el hombre puede ser simplemente un animal más evolucionado que otros, en razón de la especificidad de su inteligencia. Es nuestro estado de conciencia que va a hacer de nosotros el Ser completo, el Hombre Universal *(al-Insân al-kâmil)*.

3

La Unicidad y la vía del medio

Es tomando conciencia que la vida es siempre una y la misma en todas partes, tan grande como sea la diversidad de sus manifestaciones, es que volvemos a esta primera realidad de la Unicidad *(tawhîd)*. Esta perspectiva permite al ser no atomizarse y no desaparecer en la multiplicidad de los fenómenos y eventos para permanecer en relación con la realidad unitiva.

Desde que concebimos el universo en el marco de la Unicidad, nuestra existencia toma otro sentido reequilibrando y relativizando nuestros juicios en lo que concierne a las nociones del bien y el mal: comprendemos, en efecto, que cada uno cumple su papel.

La Unicidad: el ejemplo de las hormigas

Recientemente, científicos que observaron un hormiguero constataron que el 70 % de las hormigas no trabajaban más que para mantener vivo el hormiguero: juntan las semillas, evacuan los desechos, siembran hongos para alimentar las larvas. El 20% de las hormigas vigilan las entradas y salidas protegiendo el hormiguero contra eventuales agresores. Pero falta comprender el papel que realiza el 10% restante de las hormigas. Los científicos constataron que perturbaban la organización del hormiguero. No tenían el sentido de la disciplina ni del trabajo y, sin embargo, eran alimentadas por las otras hormigas. Los científicos las identificaron, las marcaron y las retiraron del hormiguero. ¡Observaron entonces que eran completamente desorganizadas! Después de un tiempo, para gran asombro de los científicos, el hormiguero volvió a colocar el 10% de hormigas perturbadoras. ¡Y el trabajo volvió a la normalidad! La experiencia fue repetida muchas veces y se constató cada vez el mismo fenómeno. ¿Qué conclusión podemos extraer?

Nuestro mundo como el de las hormigas se desarrolla desde esta perspectiva donde todo existe a la vez para hacer vivir al otro. La noción de unidad nos puede aclarar más sobre esta realidad universal de la que no podemos hacer juicio de valor, y por la cual el bien y el mal, el sabio y el ignorante, lo dulce y lo amargo, el agresor y el agredido coexisten, no como realidades opuestas y absolutas, sino como realidades complementarias y relativas. A menudo, no existimos sino por relación al otro. Aun su agresividad nos revela a nosotros mismos. Por lo tanto, es necesario volver a esta noción de realidad unitiva donde intervienen relaciones sutiles, sin saberlo nosotros, como también es desconocido para el hormiguero y para todo ser.

Encontramos la existencia de una interacción entre los elementos en todos los niveles de la realidad física. La corriente del Golfo es una corriente oceánica de agua cálida que remonta hacia el polo norte y juega el rol de termostato planetario. Es una vía de comunicación para millones de criaturas que viven y se reproducen gracias a ella. Otro ejemplo es el del científico que mostró que el vuelo de una mariposa en China podía crear, en el nivel atmosférico, perturbaciones sobre las costas de América y el Caribe. Hay allí tal enmarañamiento entre las realidades fenoménicas, que una acción tiene repercusiones inimaginables e imprevisibles sobre todas las otras.

¡Y no hemos visto todo! Nuestra perplejidad no hace más que acrecentarse con los descubrimientos. Estamos viendo más y más cosas que nos recuerdan la interdependencia de las criaturas. Tenemos tendencia a pensar que se trata de puro azar, incluso coincidencias, pero si observamos de cerca la complejidad de los fenómenos estamos obligados a reconocer que detrás de todo ello hay un orden y una inteligencia. Sobre este punto, el Sheij al-'Alâwî se muestra explícito en *La Divina Apariencia* cuando escribe:

> Las cosas provienen de la actualidad del saber divino, que ha sido calificado de eterna Anterioridad. Y es sorprendente constatar que se asimila generalmente este modo a una nada, mientras que, potencialmente, las cosas están presentes en la anterioridad de ese saber divino. Es suficiente un mínimo de reflexión para darse cuenta de ello.[1]

La media luna creciente, símbolo de la recuperación de la Unicidad

En el simbolismo islámico los dos extremos de la media luna creciente no se tocan. Hay una distancia a transitar para alcanzar el punto de encuentro para que el círculo sea completamente cerrado. Todo encaminamiento consiste en unir los dos arcos del círculo para encontrar la Unicidad.

La Unicidad es una realidad tanto sobre el plano personal como sobre el plano universal. Cuando los dos extremos de la media luna creciente se unen, la Unicidad del ser es

---

1. Sheij al-'Alâwî, *La Divine Apparence, op. cit.*, capítulo III: «Actos y atributos divinos».

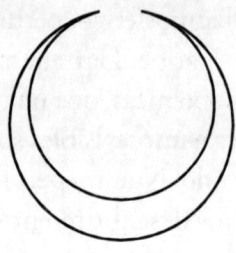

entonces total, integra en ella todos los aspectos innumerables de la creación ya que son soportes en los cuales se refleja la imagen de su Creador. Tomando conciencia de que el conjunto de las criaturas es la manifestación de una sola y única realidad esencial, el hombre realiza en él la Unicidad y la vive:

> Miréis, por donde miréis, allí encontraréis la Faz de Allah.
>
> Corán, II, 115

Este versículo describe, en realidad, un estado de conciencia particular por el cual nos es posible sentir en toda cosa la presencia de esta Realidad absoluta. Y si somos capaces de sentirla en todas partes y en todo momento, es porque Ella ha estado siempre en nosotros. La Presencia divina en las criaturas que son exteriores a nosotros, se manifiesta en nuestros sentidos en la medida en que Ella, en principio, ha sido identificada en nosotros. Por esta experiencia, nosotros realizamos lo divino que está tanto en el exterior como en el interior de nosotros mismos, reconocemos Su omnipresencia también en las realidades cambiantes y efímeras que enfrentamos en la intimidad de nuestro ser.

La vía del medio como lastre

El Corán (II, 143) define así la vía del medio: «Hemos hecho de vosotros una comunidad del medio para que seáis testigos de los hombres y para que el Enviado sea testigo de vosotros». Es a través de esta vía que el testimonio del principio de la Unicidad es mejor percibida gracias a la intensidad de la Luz por la cual el mensaje fue revelado:

Una Luz y un Libro claro han venido de Dios.

Corán, V, 15

La tradición musulmana dice que el mensaje coránico es lo más cercano a esta *fitra* porque, por una parte, es a la vez el último para cerrar el ciclo de las revelaciones anteriores y el primero en recordar la tradición primordial *(hanîfiyya)*, y por otra parte, exhorta a las personas a vivir en la comunidad del medio:

Dirige tu rostro hacia la religión *hanîf*, tal es la naturaleza *(fitra)* según la cual Dios creó a la humanidad.

Corán, XXX, 30

¿Cómo enseñar a la gente a vivir en esta vía del medio sin adoptar comportamientos excesivos? Cuando los excesos son cometidos buscamos restablecer en nosotros el equilibrio perdido. Pero, al mismo tiempo, una persona sin excesos es también nuestro hormiguero sin las hormigas perturbadoras. Todos somos la imagen de un hormiguero, tenemos defectos, momentos de debilidad, demencia e ignorancia, muchas perturbaciones en nuestro ser que paradójicamente son saludables para la buena armonía del todo. Si nuestro ser tiene naturalmente una parte de elementos negativos, hay que encontrar, entre la sombra y la luz, la vía del medio. Este camino del medio es, de hecho, el lastre, a imagen del peso que se coloca en el fondo de los barcos para que no vuelquen durante las tormentas.

El despertar de la conciencia

Para el ser humano, la conciencia es el único medio para poner lastre sobre sí y no caer en las pruebas. Toda la problemática reside en saber cómo desarrollar la conciencia del ser para que tome más densidad, y que, en los momentos difíciles de su propia vida no se hunda y que sepa hacer frente recurriendo a su fuerza interior. Es alimentando su conciencia que el ser puede evitar toda ruptura con el punto de equilibrio y vivir en armonía con el principio de Unicidad. Ello exige realizar su unidad frente a las solicitudes de la multiplicidad.

El desarrollo de la conciencia puede aparecer muy temprano. Por ejemplo, enseñar a hablar con honestidad a un niño desde su más temprana edad, dado que se lo considera un ser completo. El desarrollo de la conciencia no tiene por finalidad hacer del niño una cabeza bien pensante sino un ser que asume su libertad y su responsabilidad. El aprendizaje intelectual tiene su lugar en la educación, pero la enseñanza sufí se fija otro objetivo: unir el ser a lo esencial de sí mismo por la unión al principio primero.

Despertar la conciencia es evitar la trampa del ego narcisista conociendo sus límites para no caer en la arrogancia o la falsa humildad. A menudo, la educación que actualmente dan los padres, la escuela, la universidad, está fundada sobre la individualidad y la competitividad. Si bien es una realidad en nuestras interacciones sociales, no hay que perder de vista el papel que puede desempeñar la emulación en la educación de los niños para dar lo mejor de sí mismos siempre en oposición sistemática al prójimo. La emulación proporciona al individuo equilibrio y apertura, gracias a los cuales se relaciona tanto con personas que lo comprenden y aceptan como con aquellos que lo contradicen, si es capaz de comprender que es de su interés aceptar la cooperación.

En la enseñanza sufí se procede por profundizaciones sucesivas hasta que las cualidades humanas alcanzan su perfección.

Las trampas de un mundo normativo

Una sociedad cuyos valores dominantes y las instituciones no fomentan el cultivo de las cualidades relacionales y las virtudes del alma humana, deja el campo libre a temores incontrolables y a deseos exacerbados. La agresividad, la desconfianza y los excesos de todos los géneros terminan pronto en ser las únicas guías de la conducta humana. La publicidad, la televisión, las películas y numerosos aspectos de la educación actual no hacen más que amplificar este fenómeno empujando a los jóvenes siempre más lejos en la competencia y en el consumo. Esto desarrolla en ellos el gusto por el dinero y la celebridad tanto como la fascinación por valores efímeros que, a la larga, tendrán por efecto provocar en ellos grandes frustraciones y una uniformización de los modos de vida y de la manera de pensar. Porque ése es el esfuerzo magistral de las sociedades contemporáneas, reforzado por la globalización económica, dando la ilusión de extender sin límites libertades y derechos de cada uno, colocando paralelamente una nueva forma de esclavitud, siguiendo normas más estandarizadas, restrictivas y complejas, a las cuales la mayoría de los individuos se adhieren por falta de un modelo social alternativo.

También, asistimos a reacciones violentas y repentinas contra las instituciones de la sociedad y contra aquellos que representan el poder, crisis de identidad y místicas, teniendo todas como punto en común el rechazo al mundo. El individuo se persuade de que vive en un mundo adverso y hostil donde se siente incomprendido y solo contra todos, sin percatarse de que su deseo de emancipación de las limitaciones normativas está por él mismo alimentado por todo tipo de temores, fabricados artificialmente y mantenidos con complacencia por los medios de comunicación, los representantes de la autoridad, o aun por los organismos internacionales. Se deja atrapar, sin darse cuenta, por la multiplicidad de realidades de este mundo que lo conduce a una completa vida frenética y dispersa. Pero, en realidad, tal comportamiento traduce interiormente una real emergencia de la cual piensa poder escapar ¡recurriendo a la violencia! Ahora bien, la única y verdadera rebelión posible contra la condición actual de la humanidad parece pasar por una rebelión silenciosa e interior, capaz de liberarnos de las restricciones normativas, convirtiéndose en testigo y garante de la nobleza del alma, y, por qué no, de un «caballero espiritual». ¡Si hubo un tiempo en que los jefes de gobierno exhortaban al pueblo a enriquecerse, puede que llegue un tiempo donde ellos los exhorten a ennoblecer sus almas!

Es justamente por el despertar de la conciencia que puede producirse esta conversión espiritual, tanto a escala individual como colectiva, para liberarnos de la empresa disolvente de la multiplicidad. Si, efectivamente, vivimos en un mundo donde reina la multiplicidad de idiomas, de saberes, de conocimientos y riquezas, ello no nos impedirá dar sentido a nuestra existencia cuando aprendemos a vincularnos a su principio de Unicidad gracias a una educación espiritual. Aquel que se ha esforzado en alimentar su conciencia en el curso de su educación va a percibir que lo múltiple lleva hacia el Uno. Los seis mil millones de seres se resumen en uno solo: Adán. Y ¿quién es Adán? ¡Es él mismo. Y él mismo es Él, el Inefable!

Esa fuga y ese rechazo del mundo nos llevan forzosamente a militar en un partido, a participar en una secta, a tener una religión o a pertenecer a una comunidad. Siempre es «yo contra los otros», o «yo con algunos, contra los otros».

Esta oposición es la ilusión en la que caemos todos. Es, en resumidas cuentas, normal. ¡Sin embargo, debemos tener en cuenta que hay una relación sutil que conecta a todos los seres entre sí!

Aun cuando algunos encuentros nos reservan sorpresas y pueden parecer fortuitos, una mirada más atenta a los vínculos ocultos que nos unen nos da siempre el presentimiento que no estamos allí por azar y que vivimos siempre acontecimientos que han sido, de alguna manera, escritos anteriormente.

De la vía del medio a la *fitra*

Si el Islam se presenta como una vía del medio, es porque enseña un justo medio entre la Unicidad y la multiplicidad, la permanencia y la temporalidad. El ser que camina en esta vía busca su punto de equilibrio entre, por un lado, la oscuridad del mundo con todo lo que pueda contener de turbador y violento para él y, por otro lado, el principio de Unicidad que lo lleva de nuevo a la esencia de sí mismo y gracias al cual siente la misericordia manifestarse en la Creación y en cada una de las criaturas. Cuando alcanzamos ese punto de equilibrio en nuestras vidas, el estado paradisíaco se recuerda espontáneamente. Sentimos su existencia en alguna parte nuestra, en un lugar privilegiado de nuestro ser. No podríamos tener un anticipo del paraíso, en esta vida, si éste ya no estuviese anclado en cada uno de nosotros. El recuerdo que queda de este estado original en el ser humano y la esperanza de poder encontrarlo un día son las expresiones más evidentes de la *fitra*. Ésta se nos manifiesta bajo la forma de una llamada interior que ningún lenguaje religioso, filosófico o psicológico pueden verdaderamente traducir y hacer comprender. Ciertamente, siempre podemos encontrar explicaciones a esta llamada interior, pero es solamente por nuestra propia vivencia, y no por palabras, que podemos tener el presentimiento. Es una experiencia íntima, que no se comparte, sin ser por eso un sueño o una alucinación que aleja a las personas de las realidades temporales. ¡Disfrutar de este estado paradisíaco aquí abajo no implica que el mundo cambie tanto repentinamente que deje de preocuparnos! Más bien es nuestra percepción del mundo que va a cambiar haciéndonos perder el hábito de hacer juicios de valor sobre él, aceptando asumir las contradicciones para trascenderlas mejor. La mayor parte del tiempo, los juicios que tenemos sobre el mundo y las personas son precipitados y crueles, olvidando por ello mismo cuán injustos e ignorantes también a veces podemos ser.

Sólo volviendo a conectarnos con nuestra propia *fitra* podemos liberarnos de todas las normas y valores que vienen a ser una cortina para una mirada inocente y serena sobre nosotros y el mundo. En consecuencia, comencemos por ser fieles a nosotros mismos, a nuestra naturaleza original. Vigilemos no caer en la trampa del *kâfir*, del que la niega o la oculta. Hoy en el mundo musulmán, cuando se dice de una persona que es «un *kâfir*» es una manera de estigmatizarla, desde el punto de vista de la religión, como incrédulo o infiel. Pero, en realidad, este término ya no se emplea en su sentido inicial que significaba, en árabe, el hecho de ocultar o enterrar algo. También «el infiel» en su primer sentido, es alguien que no reconoce la verdad sobre sí mismo porque no es más fiel a su naturaleza original. Y el problema de la humanidad de hoy y de ayer es que no ha cesado de ocultar su *fitra* y ha preferido aferrarse a ídolos. Los terapeutas lo saben bien porque tienen que lidiar constantemente con los pacientes que se enferman a causa de lo que ocultan o se niegan a confesar.

La vía del medio que propone el Islam es el camino por el cual el individuo aprende a despojarse progresivamente de todos los velos e ilusiones que son un obstáculo para el redescubrimiento de su naturaleza adámica. Este trabajo sobre sí supone un despertar constante de la conciencia que no nos hace más inteligentes o eruditos, sino que nos ayuda a estar más atentos al principio de Unicidad que nos liga al conjunto de los seres. En la historia humana conocida hasta el presente, no existe una época comparable a la nuestra, donde la humanidad haya podido ir tan lejos en sus conocimientos profanos y las posibilidades de sus facultades mentales. ¿Por eso vive más feliz y tiene más corazón? Desafortunadamente, esto no parece ser el caso dado la energía colosal que los Estados modernos han movilizado hasta hoy para desarrollar tecnologías con fines destructivos y homicidas.

Gracias al despertar de la conciencia el ser humano es llamado al principio de su Unicidad; aprende, entonces, que no puede perderse en la oscuridad de su ser, ni en la multiplicidad de las realidades materiales, y a encontrar en sí el punto de equilibrio donde la luz aclara su *fitra*. Proseguir su viaje terrestre y por la vía del justo medio es permitir al ser humano construir en la paz su proyecto de vida.

Paz y desorden *(fitna)*

Una paz profunda nace en nosotros cuanto tomamos conciencia de nuestra *fitra* y nos conectamos a ella. Más alimentamos nuestra conciencia, más encaminamos nuestro corazón del ser hacia la paz. La conciencia no es la paz, pero lleva a apaciguar lo que es en nosotros fuente de conflictos. Trabajar en el desarrollo de la propia conciencia no se aprende, sino que se transmite a veces sin palabras, en el silencio, otras veces por un gesto o una mirada.

Cuando no podemos encontrar en nosotros ese punto de equilibrio, la paz deja lugar a los temores y al desorden *(fitna)*, no solamente en nuestro ser sino también en la sociedad. Así como el individuo tiene necesidad de poner lastre sobre sí para encontrar un cierto equilibrio, igualmente una sociedad tiene necesidad de un líder para vivir en un orden relativamente justo. Ese líder no es necesariamente un jefe carismático. Una legislación, una institución o una ideología pueden desempeñar ese rol de lastre, permitiendo a una sociedad conservar su centro, y en consecuencia su estabilidad. Estamos permanentemente invadidos por el desorden, y debemos siempre reaccionar poniendo orden. Ciertas ideas nos vienen para instalar el desorden, surgen sentimientos que siembran en nosotros la confusión. La sociedad misma con sus contradicciones y sus desórdenes suscita agitación y perturbaciones. A veces es necesario recurrir a un acto fuerte para que ésta encuentre su cohesión. Lo mismo ocurre con nosotros: vivimos en una suerte de desorden interior, y la toma de conciencia se hace a veces a través de un choque emocional que pone entonces toda nuestra vida en cuestión. Sin embargo, nuestra percepción debida al desorden no es más que aparente y relativa, pues ésta no permite siempre calar hasta el fondo en el principio de Unicidad subyacente. No solamente el desorden tiene sentido por relación con un orden absoluto preexistente, sino que es de ese desorden que va a nacer en la persona la necesidad de reencontrar en sí mismo la unidad. Por lo tanto, aquel que acepta el principio de la paz no puede excluir totalmente su principio contrario. También nos lleva a una mayor vigilancia para preservar ese estado de paz.

Conectarse al principio de Unicidad

Tengamos siempre presente esta perspectiva de la Unicidad que no implica tomar lo bueno rechazando lo malo. Aquel que quiere la verdad debe admitir que, para buscarla y conocerla, el error y la ilusión no pueden ser evitados. Una enseñanza del Sheij al-'Alâwî dice a propósito de este tema:

Los defectos del alma *(nafs)*
No son múltiples
Sino para mejor ocultar
Las luces celestes.

La vía del medio es la que tiene en cuenta al ser humano tal como es en su complejidad. Si, en tanto que humanos, tomamos conciencia de que existimos por Él y que Él está presente allí donde vayamos, seremos capaces de trascender todas las oposiciones engendradas por la multiplicidad o la dualidad con el fin de no mantener de ellas más que su complementariedad. Pero si permanecemos prisioneros de una cultura, de una comunidad y de una religión, o si nos dejamos condicionar por la mirada de los otros, no haremos más que alejarnos de nosotros mismos y aumentar nuestras dificultades interiores.

El apego de una parte nuestra nos lleva a estar en contradicción con otro. Desprenderse de las realidades del mundo que acapara nuestro ser vuelve, entonces, a liberarse y a acrecentarnos el principio de Unicidad.

Mientras se esté ligado a una tradición, a un lugar, a una familia, el problema es poder liberarse de las limitaciones que pesan sobre nosotros. Para ello, la conciencia debe intervenir, no como una reflexión teórica sino viviendo lo cotidiano en la calidad de nuestras relaciones con el otro y en el perfeccionamiento de las virtudes cardinales que son la fraternidad, la humildad y la sinceridad. Ibn Mashîsh, siempre en su oración la *Mashîshiyya*, nos indica e invita a meditar sobre lo que implica este estado que nos pone en relación con el principio de Unicidad:

Lánzame contra lo falso para que lo reduzca a nada
Tírame en los mares de la unidad esencial, y sácame
    del lodazal de la confusión
Sumérgeme en la fuente del océano de la Unidad

Para que no vea, no escuche, no guste, no perciba más
   que por Ella
Haz de Tu velo supremo la vida de mi espíritu
Y haz de Su espíritu el secreto de mi realidad
Y que su realidad reúna mis universos por la actualización
   del real primero
Oh Primero, oh Último, oh Aparente, oh Oculto, escucha
   mi llamada
Como Tú escuchaste la llamada de Tu servidor Zacarías.
Hazme triunfar por Ti, para Ti, sostenme por Ti
Para Ti, reúne entre Tú y yo, impide que haya alguien
   entre Tú y yo
¡Allah, Allah, Allah!

La densidad y profundidad de esta oración nos lleva a reflexionar sobre el velo mismo. Mientras que los velos del alma la mantienen en el estado oscuro de la ignorancia, el velo de la Unicidad descrito por Ibn Mashîsh se convierte en una protección permanente de la vía interior y un dilatarse para vivir en armonía por lo divino. Este «velo supremo» es comparable, en el plano terrestre, a las diferentes capas atmosféricas y al campo magnético que envuelven nuestro planeta para protegerlo de las radiaciones cósmicas y solares, los bombardeos masivos de meteoritos y vientos intergalácticos, que pueden en cualquier momento aniquilar la vida y volverla estéril.

¡Bendice nuestra Tierra Madre, oasis único y excepcional en un desierto sideral donde la vida pudo surgir y mantenerse en su diversidad gracias al milagro permanente de la Misericordia divina!

4

La educación de los sentidos

No podríamos percibir nada de nosotros mismos y del mundo si no existiera ya una Luz más esencial capaz de aclarar nuestro ser desde sus estados más groseros hasta los más sutiles. Esta perspectiva de la luz muestra que cada luz, en ella misma, está aclarada por otra, aún más profunda y sutil; la luz más grosera es la que ser percibe por los sentidos.

Los siete sentidos *(jawârîh)*

En árabe los sentidos son generalmente denominados *jawârîh*.

Mientras que en Occidente es usual enumerar cinco, la tradición sufí reconoce la existencia de dos sentidos suplementarios: el vientre y el sexo. Por lo tanto: el oído *(sama')*, la vista *(basar)*, el gusto *(dhawq)*, el olfato *(shamm)*, el tacto *(lams)* que se relaciona con la mano o el pie, más otros dos sentidos: el vientre, o más exactamente el estómago *(batn)* y el sexo *(farj)*.

Es mediante estos siete sentidos que el ser humano percibe físicamente el universo y está en interacción con él. Pero ¿cómo educar y despertar nuestros sentidos para levantar los velos sobre el misterio de la vida y el secreto de nuestra alma?

Si los sentidos son, para la tradición sufí, una herramienta necesaria para nuestra percepción del mundo, son también velos que nos limitan. Son la fuente de un conocimiento irremediablemente ambivalente: al mismo tiempo que son necesarios para el desarrollo de nuestro ser, participan en el ocultamiento de la Realidad.

Los sentidos nos proporcionan información sobre el conjunto de las cosas que nos circundan. Sabemos por experiencia, que lo que percibimos no está siempre conforme a la realidad y que podemos ser inducidos al error por nuestros sentidos. Es nuestra capacidad de discernimiento que puede entonces liberarnos de las representaciones ilusorias y restablecer en nosotros la verdad siempre que contribuya, por etapas sucesivas, al despertar de nuestras facultades sensitivas hasta que se vuelvan receptivas a la realidad esencial que reciben. Las realidades materiales son aprehendidas sensiblemente a partir de su forma exterior, pero sutilmente, desde su esencia. Cuanto más se despiertan los sentidos, más ganan en agudeza, al punto que los fenómenos que aparecen espontáneamente son percibidos como signos tangibles de una teofanía de la que aprendemos a descifrar el lenguaje. Cuando nuestros receptores sensoriales se agudizan, no nos contentamos con solamente oír, por ejemplo, el sonido del viento cuando sopla, aprendemos ahora a escuchar lo que nos dice como si tuviera un mensaje para entregarnos. Tomamos así conciencia de que todas las criaturas se comunican entre ellas y transmiten información en cuya comprensión podemos profundizar a medida que nuestros sentidos se afinan y se espiritualizan. Es lo que se llama en árabe *al-basîra,* que significa la facultad de discernimiento y clarividencia por grados sucesivos. El Sheij Ibn ʿAbbâd al-Rundî[1] Ronda nota que hay tres grados de

---

1. Maestro sufí nacido en Ronda, en 1333. Emigró a Marruecos muy joven. Murió en 1390, fue enterrado en Fez.

basîra: el rayo de la *basîra*, la realidad de la *basîra* y la verdad de la *basîra*. El primero hace referencia a la luz de la razón; el segundo a la ciencia y el tercero a la luz misma de Dios. Es a través de esos tres modos de conocimiento que puede operarse gradualmente el despertar de los sentidos, aportando cada una de las luces, a su turno, un esclarecimiento más sutil y profundo de las formas percibidas.

El condicionamiento del ser humano

El mundo es percibido en principio a través de nuestros sentidos. Cuando escuchamos sonidos, se produce en nosotros una reacción fisiológica que lleva al fenómeno de la audición. Sin embargo, esto no se reduce sólo a un mecanismo fisiológico, recibimos información que va a ser interpretada y tratada para que contribuya a la evolución de nuestro ser y a la construcción de nuestra individualidad. Sucede a veces que durante una conferencia una palabra suscita espontáneamente una reacción en el público. Si algunas personas tratan de manera singular el simple hecho de oír algunas palabras, ello se explica por las adquisiciones culturales. En general, es a fuerza de haber escuchado repetir, en el curso de nuestra educación, los mismos prejuicios que éstos terminan por anclarse en nuestra memoria para crear un verdadero condicionamiento psicológico, olvidándonos del origen. Las mismas fórmulas y las mismas palabras pueden provocar reacciones de rechazo para unos y adhesiones para otros, según la educación recibida y el estado interior de los individuos.

Siendo los sentidos la primera fuente de conocimiento por la que entramos en contacto con nuestro cuerpo y el mundo, desempeñan un papel considerable en la manera en que nos comportaremos ulteriormente. El proceso de profundización que consiste en que la razón, la ciencia y

Dios vienen sucesivamente a iluminar nuestros sentidos, nos da otra imagen de lo que podría ser la educación: un despertar de los sentidos por el cual el ser humano llega a encontrar en sí mismo estabilidad y armonía.

La dimensión sagrada de la alimentación

El término árabe *jawârîh* es polisémico. Cubre numerosas significaciones, dando lugar en español a diferentes traducciones posibles: «herida», «abertura», «falla» o aun «ofensa». Es interesante remarcar la ambivalencia de este término, que nos refleja simultáneamente, la idea de abertura con la de herida. Los sentidos nos permiten estar en contacto con el mundo y construirlo, pero son, al mismo tiempo, lo que nos debilita exponiéndonos al sufrimiento y a la agresividad de los otros. Es, asimismo, por la alimentación que nosotros consumimos, pudiendo fortificarnos como así también enfermarnos y envenenarnos. Por este motivo, el Profeta aconsejaba la moderación en la práctica alimentaria:

> Comer en exceso vuelve la asimilación difícil e incompleta, dando turbación al alma y dureza al corazón; cuidaos, entonces, de la extravagancia sobreabundante de comida.

La educación del despertar nos coloca en un estado de vigilancia para tomar conciencia de lo que es mejor para nuestro cuerpo y nuestra alma. Desde que consideramos al estómago como un sentido pleno que puede ser educado, nuestra relación con la alimentación se encuentra completamente modificada. Toda alimentación se convierte en huella de ese sentido de lo sagrado porque, simultáneamente, penetra y se inserta en el templo viviente que somos. Pero, como telón de fondo, es la inviolabilidad de ese templo que nos hace privilegiar el alimento más provechoso para él. Si prestamos atención a lo que comemos, no a causa de las prohibiciones, tabúes, o simplemente para apaciguar el hambre, sino para evitar un mal funcionamiento del cuerpo, que es el soporte o la sede de la conciencia que lo habita, se destraba su desarrollo. Pues, si la alimentación es una energía que alimenta al cuerpo, es también una energía que permite mantener nuestro estado de conciencia en plena actividad. Los seres espirituales que han sido capaces de desarrollar un estado de conciencia más allá de lo común están siempre muy atentos a la calidad y cantidad de comida que consumen.

Los rituales alimentarios o de purificación que existen en la tradición musulmana participan de esta educación del despertar y de una toma de conciencia de la sacralidad del cuerpo. Algunas prácticas ascéticas dan la impresión de que el cuerpo es impuro, sin embargo, el espíritu divino queda siempre en él. Así, muerto o viviente, el cuerpo resultará siempre el símbolo del alma y el espíritu que lo animó, cualesquiera fuesen sus acciones; y profanarlo sería profanar la creación de Dios.

Nuestros sentidos son los medios por los cuales todo nuestro ser se alimenta. Escuchar un fragmento de música, contemplar un espectáculo natural, oler el perfume de una flor, aspirar el aroma de un buen plato son otras tantas maneras de alimentar nuestro espíritu y nuestro cuerpo. Los *jawârîh* nos alimentan permanentemente de lo que es físico y también de lo que es más sutil. La alimentación no es solamente lo que pasa por nuestra boca y llena nuestro vientre, es la energía que se recibe de diferentes formas. La concepción que se tiene generalmente de la alimentación es restrictiva, en tanto que recibimos la energía que nos hace vivir a través de numerosas nutriciones, tanto terrestres como intelectuales, amorosas como espirituales.

Los sufís dicen que «aquel que ha gustado, ha conocido». Al-Ghazâlî considera al gusto espiritual como un conocimiento que se vuelve un estado del alma:

> En principio, el hombre conoce la cosa en su conjunto, después conoce sus detalles, por verificación y por gusto, en el sentido que la cosa de que se trata se vuelve para él un estado del alma que lo penetra íntimamente.[2]

Otra visión de la educación consiste en empobrecer las facultades sensitivas, incluso inhibirlas por un modo de vida o una conducta moral que tiene por efecto someter los sentidos a normas rígidas y uniformes. Verdaderamente, no nos damos cuenta hasta qué punto este tipo de educación puede, no solamente volvernos vulnerables a las agresiones del mundo, sino también desestabilizar psicológicamente a una persona o a toda una sociedad cuando ya no se confía en los testimonios de esos sentidos y prefiere remitirse a creencias, normas o comportamientos que imponen indistintamente a todos la misma manera de actuar y pensar.

Por el contrario, en la tradición sufí, lo lícito es lo que nos aproxima e impulsa hacia la adquisición de esta luz original por la vía de la libertad y la responsabilidad, y lo ilícito es lo que nos traba, nos encadena a costumbres, a normas sociales laicas o religiosas, alejándonos de lo divino en sí. Los sentidos no son intrínsecamente ni buenos ni malos, son facultades que deben ser desarrolladas por una educación del despertar para que nuestro discernimiento esté siempre lo suficientemente iluminado para elegir las conductas que nos reintegren a Él y evitar aquellas que nos desvíen.

---

2. Farid Jabre, *Essai sur lexique de Ghazâlî*, Publications de L'Université Libanaise, Beirut, 1970, p. 101.

Precisemos que es la intención *(niyya)* la que, en el origen, vuelve posible esta distinción y esta clarificación entre lo lícito y lo ilícito. Así, la ley misma, la *sharîa*, nos autoriza a comer, si ello es vital, cosas que fueron prohibidas, o romper el ayuno si se teme por la salud, o aun disminuir las oraciones cuando se viaja.

Esta sacralidad se inscribe en la experiencia de lo vivido, no tiene un sentido moral o dogmático: hay ahí un matiz importante a subrayar. No es porque la necesidad hace la ley y nos manda a desafiar algunas prohibiciones que profanemos lo que es sagrado. Esta observación es válida, aunque en otro dominio, en lo que concierne a la prohibición de drogas. Su consumo está prohibido por la ley ya que son un medio para huir de la realidad para procurarse un bienestar ilusorio alterando estados de conciencia y perjudicando la salud; sin embargo, pueden ser utilizadas en ciertos casos para curar enfermedades o aliviar dolores físicos. De ahí la importancia de la sinceridad de nuestra intención que resulta, en último caso, el vínculo que nos religa a ese estado de sacralidad y nos mantiene en relación constante con ella. Puesto que nuestros sentidos nos exponen permanentemente a toda suerte de experiencias, hace falta que nuestra conciencia permanezca constantemente vigilante, si no queremos que esta exposición sea llevada a cabo en vano. Nuestros sentidos trabajan noche y día, y reciben continuamente información. Por lo tanto, aprovechamos poco su trabajo, pues ignoramos, casi siempre, la existencia de una educación del despertar al alcance de todos. Pensamos que se trata de una enseñanza de difícil acceso por su complejidad y su abstracción. Olvidamos, en realidad, que los sentidos son en primer lugar estimulados por la experiencia espiritual.

La sexualidad y el matrimonio en el Islam

En el Islam la sexualidad no es un tabú, incluso si actualmente la situación ha cambiado mucho en ese ámbito. Por el contrario, es considerada como un acto loable en la medida que es vivida con transparencia y donde el elemento que permite transmitir la vida conduce a una mayor armonía interior.

¿Qué es la educación del despertar en nuestra sexualidad? Consiste en tener en cuenta, en el momento del acto de procreación, que transmitimos también nuestro estado de conciencia. Hay que hacer una distinción entre sexualidad natural que procura el placer y el acto por el cual se transmite la vida. Esto nos recuerda la importancia, y toda la nobleza, de la unión entre dos seres. En este último caso, el sexo no se limita al gozo del acto carnal sino que se vuelve el canal por el cual la conciencia se transmite de generación en generación. El ser que fue concebido en el momento de la unión carnal lo ha sido en un estado de conciencia particular que se hereda. Si llevamos en nosotros el deseo intenso de traer al mundo un ser espiritual, le damos todas las oportunidades para que venga al mundo portando ese estado de conciencia.

Es en la escala cósmica que el acto de unión encuentra su realidad de ser, puesto que es el anuncio de la perpetuación de la vida. La visión sufí de la sexualidad va en contra de la noción misma del «pecado original». La sexualidad no tiene nada en sí de culpabilidad, es un acto meritorio y plenamente asumido que forma parte de las relaciones en el seno de la pareja y la sociedad. Lo único que exige el Islam, es la transparencia. De donde, la institución del matrimonio no es un sacramento, sino un contrato entre dos seres que puede ser roto de común acuerdo o si uno de los dos no cumple su función. La transparencia implica un contrato explícito y detallado que tiene un valor jurídico indiscutible desde que ambas partes presentes se comprometen a honrarlo. Se ha podido observar eso en los contratos de matrimonio que datan de los siglos XI y XII, redactados a veces sobre pergaminos voluminosos. Se asentaban allí todas las condiciones del contrato entre dos personas. Es así que Arwa, la esposa del califa al-Mansûr, exige de su marido un acuerdo escrito según el cual no se casaría con otra mujer y no tomaría concubina mientras ella viviese. El califa lamenta esta manifestación que la declara nula y sin valor. Pero su esposa se dirige al juez supremo de Egipto, que resuelve a su favor. Arwa le había entregado en mano el contrato de matrimonio que contenía la cláusula en cuestión.

Se puede preguntar cuál era el lugar reservado al amor en este tipo de contrato. Generalmente, nos casamos por amor y afecto. Pero fundar el matrimonio solamente sobre el sentimiento amoroso puede revelarse como una ilusión, en la medida en que todo amor es efímero si no lleva en él el germen del amor espiritual, como bien nos lo recuerda Ibn 'Arabí:

> Por esta razón, hemos clasificado el amor específico del hombre en dos categorías: el amor natural o físico *(tabî'î),* que comparte con las bestias y los animales, y el amor espiritual, por el cual él se separa y se distingue del amor animal.
>
> Esto, sabiendo que el amor es de tres clases y no más: divino, espiritual y natural o físico. El amor divino es el que Dios tiene por nosotros. El amor que le manifestamos puede aplicarse a este tipo de amor. El amor espiritual *(rûhânî)* es el del amante que se esmera en satisfacer a lo amado. Nada subsiste en él, ni mirada, ni voluntad que pueda oponerse a lo amado. Además, el amante queda enteramente tributario de la voluntad de lo amado.
>
> El amor natural es el del amante que busca la plena satisfacción de sus deseos, poco importa que este afán le

guste o no al amado. La mayor parte de las personas están gobernadas por este tipo de amor.[3]

Si no reserváis el amor más que a un solo ser, entonces corréis el riesgo de perder vuestra razón de vivir al perder a ese ser. Eso es una primera cosa. Y si perdéis ese amor, ¿podréis amar de nuevo?

Concebir al matrimonio bajo la forma de contrato permite dar a la pareja una mayor libertad para divorciarse y volverse a casar. Anteriormente, se podía reconstruir la vida muchas veces sin chocar con las convenciones y sin conocer el drama familiar.

Ése fue el caso de Sukayna, la nieta del califa 'Alî, que se casó al menos cuatro veces, aunque las fuentes son divergentes en cuanto al orden de sucesión y los nombres de sus esposos. Esta mujer, de una rara belleza y una gran elegancia, no vaciló en imponer a su futuro marido Zayd Ibn 'Amr los términos del contrato de matrimonio. Ella se comprometía a casarse con él con la condición de que no la repudiase, y que no tocase a otra mujer, que no rechazase nada que ella deseara, y que la dejase habitar donde ella quisiera, que no la contradijese en nada, sino que él debería repudiarla cuando ella se lo solicitase.

Lamentablemente, en la actualidad, hay una percepción totalmente diferente en el mundo musulmán sobre la sexualidad y el divorcio.

En lo concerniente a la sexualidad, el Islam se muestra mucho más pragmático en cuanto a las necesidades de la naturaleza humana. Conociendo la psicología del ser humano, esta tradición permite al hombre ocuparse de esta

---

3. Ibn 'Arabî, *Traité de l'amour*, Albin Michel, col. «Spiritualités vivantes», París, 1986.

parte de sí, lo que fue durante mucho tiempo completamente tabú en Occidente. En los primeros tiempos del Islam, el discurso sobre la sexualidad no planteaba ningún inconveniente y se permitía una gran libertad de expresión sobre este tema. En su tratado sobre el matrimonio del siglo XI, el imam Ghazâlî confrontó abiertamente esta cuestión. Explicaba la educación sexual delante de miles de personas en la mezquita mientras que hoy es prácticamente imposible hablar de ello libremente en esos lugares. Se puede advertir cómo la decadencia invierte el verdadero sentido de las cosas. El Islam es la única religión en la que un texto sagrado formula explícitamente el hecho de que el fiel no debe tener ninguna molestia, ni vergüenza al abordar cualquier problema:

> No hemos puesto ninguna dificultad en la práctica de la religión...
>
> Corán, XXII, 78

Siendo el ser humano lo que es, en tanto el sexo es una parte de él mismo, debe preocuparse de ello como todo lo demás. Es importante para el desarrollo de una chica o de un chico que sus padres y la sociedad le hablen de la sexualidad, de la responsabilidad que implica, de la belleza y armonía que nos aporta.

La preservación del pacto adámico

Vamos hacia un mundo en el cual van a producirse trastornos inimaginables en el campo de la procreación. La mujer puede hoy procrear sin el hombre por inseminación artificial; asimismo, se puede encontrar que en algunos países la legislación les permite a los niños estar con dos madres o dos padres. El acto sexual entre el hombre y la mujer no será del todo necesario para la procreación; será únicamente reservado al placer y limitado al papel más mundano, el gozo inmediato y físico.

La humanidad se dirige de manera cierta hacia la programación de la vida y el control de su evolución biológica. La reproducción es confiada a y administrada en centros especializados. Es una cuestión de suerte, las parejas pueden permitirse financieramente el niño que ambos tanto quieren. La ingeniería genética da la posibilidad de modificar los genes de un embrión para obtener un individuo considerado saludable teniendo tal o cual característica física. Se está produciendo un trastorno. Asistimos al establecimiento de otra forma de percepción del ser humano, otra forma de ética. Niños que no tendrán por padres a sus genitores. ¿Cuáles serán las consecuencias de estas innovaciones en la célula familiar y en la construcción de uno mismo? No podremos conocer los resultados de ellas sino hasta después de muchas generaciones. Vamos hacia un futuro incierto sobre este asunto. ¿Posiblemente haya una ruptura en la herencia biológica que hemos recibido y la cultural que vamos a transmitir? ¿No estamos en la víspera de un cambio radical que ponga en peligro la transmisión de la memoria, de la filiación, de la pertenencia a un grupo o a una comunidad, basamentos constitutivos de la historia humana, garantes de su diversidad y de su riqueza étnica y cultural?

Pero puede ser que las generaciones que nos sucedan no se sientan concernidas por este tipo de problemática, ni siquiera quieran perpetuar esta herencia de la reproducción sexuada. Ellos nos considerarán, sin duda, seres poco evolucionados: la naturaleza administra nuestra procreación, la suya no dependerá más que de un mandato médico, de una voluntad científicamente programada. Será posible hacer a los individuos más inteligentes, suprimir enfermedades genéticas y aumentar la esperanza de vida, lo que producirá inevitablemente un sentimiento de superioridad. Se puede pensar que esos trastornos suscitarán en las generaciones futuras una forma de elitismo y de espíritu de clase. Seremos entonces tratados como tratamos en el siglo XIX a los «salvajes» o a los aborígenes. Estas nuevas generaciones tendrán el sentimiento de ser más ventajosas, lúcidas, e inteligentes que sus mayores. ¿Pero serán ellos, por lo tanto, más humanos?

Frente a esta perspectiva de la que sería erróneo creer que es sólo ciencia ficción, no es incongruente recordar que el rol del sexo es del orden de la transmisión. Éste debe realizarse como lo hemos recibido. Esta advertencia se apoya sobre el pacto adámico que nos vincula a lo divino después de la creación del primer hombre:

> Y no vendáis a precio vil el pacto con Dios. Lo que se encuentra junto a Dios es mejor para vosotros, si sabéis.
>
> Corán, XVI, 95

Velemos siempre por inscribir el devenir de la humanidad en esta perspectiva si queremos continuar la transmisión del Depósito tal como nos ha sido dado

La alusión

Los sentidos desempeñan en el ser humano un papel considerable para su desarrollo, de ahí la necesidad de educarlos y despertarlos a lo sagrado hasta que se vuelvan capaces de oír, comprender, o aprovechar los signos. El arte de la alusión marca la realización de la educación del despertar de los sentidos.

Veamos un ejemplo. Recibíamos un día una enseñanza *(mudhâkara)* del Sheij. Alguien pasaba por la calle vecina y le dice a un chico que tiraba una piedra: «¡Detente! ¡Detente!». El Sheij que nos impartía las lecciones entonces se calló inmediatamente. El curso terminó. Él había captado la alusión, y el vínculo entre las cosas. Jamás nos vendría a la mente unir esos acontecimientos entre ellos. Nos parecería impensable que alguien que pasa por la calle diciéndole a un niño «¡Detente!» pueda tener incidencia sobre un curso al que asistían más de cien personas. Pero el despertar de la conciencia de la Unicidad permite concebir que todo esté ligado como en una tela de araña. Actualmente existe internet, esa famosa trama, en la cual la información circula en todas direcciones y que conecta millones de conciencias en todas partes. La percepción de los sentidos se afina, nos hace tomar conciencia de que todo está conectado. Se vuelve una percepción cada vez más profunda de nuestro entorno, de lo más próximo a lo más lejano. Aprendemos espontáneamente a interpretar los lazos sutiles que existen entre los acontecimientos, pero también a percibir signos concretos. A menudo, tenemos la impresión de que nuestros sentidos funcionan en modo automático. A fuerza de no ver en ellos más que instrumentos al servicio de una acción práctica e interesada, se olvida su función espiritual. Cuando el ojo mira, mira sin ver, cuando el oído escucha, oye sin escuchar, cuando la boca habla, habla sin dar importancia a las palabras que pronuncia.

Es por esto que en el sufismo, la educación espiritual pasa por el despertar de los sentidos. Cuanto más se despiertan, más tomamos conciencia de todas las interacciones que se tejen entre nosotros y el mundo. Ese estado de conciencia produce una mayor agudeza perceptiva. Nuestros órganos sensoriales: el ojo, el oído, el tacto, el olfato, el gusto, el estómago y el sexo, se vuelven plenamente operativos, sin aislarnos de los seres y las cosas, sino haciéndonos vivir la

Unicidad de ese Todo. Cualquiera que sea el grado de realidad al cual nos restituimos, todo es Uno.

La supernova: cómo la unidad nace del caos

La ciencia desempeña también su papel en la comprensión de la Unicidad. Es una forma de iluminación y de luz que nos hace siempre más conscientes del vínculo que existe entre los fenómenos y los acontecimientos. Ilumina al ser humano sobre nociones que no conocía poco tiempo antes, y que hoy le demandan revisar su concepción del universo o de la vida, descubrir la existencia de una unidad entre los elementos, de una conexión entre él y el todo. Las aproximaciones recientes del estudio del cerebro humano muestran, por ejemplo, en lo que concierne al funcionamiento de nuestros órganos sensoriales, que diferentes zonas cerebrales cooperan entre ellas armoniosamente. Hay algo más aún: se pensaba que solamente algunas zonas bien delimitadas del cerebro eran estimuladas por nuestras percepciones y de manera casi independiente.

Pero la cuestión esencial es saber si nosotros vivimos esta unidad en nosotros mismos. No es proclamándola que la volvemos operativa. Lo más importante no es darse cuenta teóricamente sino vivir la experiencia. La enseñanza sufí, a diferencia de la ciencia, se dirige en principio al ser, y busca realizar sus conocimientos espirituales. ¿Cómo lograr realizar la unidad en sí y vivirla?

Este esfuerzo constante sobre uno mismo para permanecer ligado al principio de Unicidad por medio de nuestros sentidos alimenta nuestro intelecto y nuestro corazón. Apoyándonos en nuestra naturaleza original, la *fitra*, aprendemos a percibir a los seres de otra manera, sin perder de vista que todos ellos participan de la misma unidad. Eso supone estar desapegado de todos los condicionamientos culturales y psicológicos o de conocimientos filosóficos que restringen y limitan nuestro horizonte a lo que cualquiera haya pensado o hecho.

¿Cómo hacer de manera que todo eso funcione en armonía? ¿Cómo cambiar el desorden por orden? En el universo todo es orden y desorden. Y el aparente desorden causa el orden. En la creación, una supernova explota y en la nube de gas que suelta nacen una multitud de planetas, soles o estrellas. ¿Dónde está el orden? ¿Dónde está el desorden en eso?

¿La visión del universo no nos invita a reconsiderar eso que tenemos sobre nosotros mismos? ¿No somos un microcosmo en un macrocosmo? En cada soplo de nuestra vida, una parte de nuestras células desaparecen, reemplazadas por otras que perpetúan y mantienen el buen funcionamiento de nuestro organismo. Somos un universo en miniatura donde permanentemente se juegan reproducciones biológicas que, ciertamente, están en relación con nuestro estado de conciencia y producen el ser que va a nacer en los próximos instantes de nuestro futuro. Llevamos un destino que está desde siempre inscrito en nosotros. Es necesario tomar conciencia de ello y asumirlo. Nuestra estrella, nuestra supernova, ¿en qué parte de su ciclo de destrucción y creación está? ¿Dónde estamos nosotros en esta perpetua transformación que se está desenvolviendo tanto en el devenir del universo como en nuestros destinos colectivos e individuales? En otro tiempo, se iba a la búsqueda del elixir de la juventud o al encuentro del Grial. Los alquimistas buscaban obtener oro partiendo de la transmutación de metales pesados. Está también el simbolismo del Fénix, la famosa ave que renace de sus cenizas. En todas las tradiciones se encuentra el rastro de esa búsqueda de sí, esa parte desconocida del ser que somos.

5

Confianza y abandono en Dios

Entregarse con confianza a Dios *(tawakkul)*

¿Por qué es tan difícil vivir y realizar este estado de confianza en Dios? En principio, ¿tenemos realmente confianza en nosotros? Alcanzar el estado de confianza absoluta en Dios presupone que tengamos, previamente, una fe inquebrantable en nuestro origen divino. Comencemos, entonces, por construir nuestra individualidad buscando en nosotros un punto de apoyo estable y una vida interior portadora de unidad. El que confía en Dios se libera de sus temores y vence sus angustias. Nuestra relación con lo divino se vuelve una relación natural y fundamental que nos da fuerza y energía para superar nuestros obstáculos y nuestras pruebas. Nos lleva, en nuestra relación con las criaturas, a excluir todo fatalismo o fanatismo. Trabajar para recobrar esta confianza en Dios es ser llevado a trabajar sobre su propia confianza como forma de reencontrar ese estado natural perdido.

Esto no quiere decir que todas las dificultades o los obstáculos desaparecen en nuestro camino, sino más bien que la luz de la fe se convierte en una fuente de guía, de paciencia y madurez porque nos permite superar nuestras dudas, nuestras vacilaciones, nuestras debilidades y nos confirma esta confianza en el camino hacia Dios. Si estoy sentado confortablemente en una silla y, momentáneamente, dudo de su capacidad para sostenerme, voy a sentir un estado de estrés y malestar que me impedirá vivir plenamente en serenidad y desapego. Lo mismo ocurre con cada uno de nosotros en la vida diaria, cuando ese estado de confianza nos deja, vivimos esa experiencia bajo una forma de turbación psicológica que se manifiesta, a pesar nuestro, en nuestra relación con nosotros mismos y con los otros. Cuanto más intentamos ocultar ese estado de perturbación y malestar, más se acentúa llegando a veces hasta la demencia. La pérdida de confianza en sí lleva a perder la confianza en Dios y en todos aquellos que participan y contribuyen en la construcción de nuestro proyecto de vida, sean nuestros allegados o nuestros colaboradores.

La fe deviene una cuestión de estado de confianza y no de simple creencia vivida a través de supersticiones o dogmas; es un asunto personal que se vive en relación cualitativa con lo divino en que hemos investido nuestra confianza. Desde entonces, Dios no está lejos o es inaccesible, no es tampoco esa representación imaginaria heredada de nuestras culturas, sino ese eterno presente que habita nuestra conciencia:

Él está con vosotros allí donde vosotros estáis.

Corán, LVII, 4

Esta experiencia nos lleva, de etapa en etapa, a una mayor vigilancia, a una mayor responsabilidad en nuestros actos y comportamientos.

«Ata la pata de tu camello y pon tu confianza en Dios»

Se podría creer que abandonarse a Dios consiste en dejar hacer las cosas adoptando una actitud pasiva o indiferente frente a todo lo que nos sobreviene, sin embargo, en principio, es actuar de la manera más sensata posible para que nuestros sentidos y nuestra conciencia estén atentos con el fin de discernir lo que hay que hacer o no hacer. El Profeta dijo al respecto:

> Ata la pata de tu camello y pon tu confianza en Dios.

Podemos llevar una vida cotidiana razonable y responsable simplemente con que hagamos la elección de examinar atentamente nuestra conducta con respecto a los otros y a nosotros mismos; y en cuanto al resto, es independiente de nuestra voluntad.

Pero es más fácil atribuir a Dios toda suerte de males cuando uno ya no se siente más responsable de lo que se hace o lo que se dice. ¡Entonces hasta se le pueden atribuir las peores calamidades!

Testimoniar la presencia de Dios

Rebelarse contra Dios, dirigir hacia Él una mirada acusadora con el pretexto de que sufrimos las injusticias y las violencias de este mundo, es vivir en la dualidad y lo aleja de nosotros. A la inversa, la enseñanza sufí quiere acercar al hombre a su unidad haciéndole percibir en él mismo la Presencia divina. Si cada vez que emprendemos una acción, tomamos conciencia de esta Presencia y la manifestamos a través de la *shahâda*, le damos su alcance espiritual y reforzamos su relación sutil con el primer actor, el Divino.

Es por eso que los sufís consideran ante todo la atestación de fe: «No hay dios, salvo Dios *(lâ ilâha illa Allâh)*» o todavía «no hay realidad, salvo la Realidad», como un testimonio por el cual aquel que atestigua está presente en esta Realidad y testimonia esta Realidad. Y, generalmente, para testimoniar, es necesario haber visto, escuchado o tocado. Normalmente, los sentidos tienen un papel en el testimonio. Pero ¿cómo puede ser válido y admisible ese testimonio si jamás ningún sentido percibió, escuchó, ni tocó a Dios? ¿La profesión de fe *(shahâda)* tiene, entonces, un valor jurídico testimonial? Cuando una persona va a un tribunal para testimoniar en un proceso, lo primero que pregunta el juez al testigo es si ha visto o escuchado algo. Entonces, ¿cómo testimoniar sobre lo que no se percibió directamente por los sentidos sin sentir la presencia en uno mismo? Sea Dios testigo de sí mismo a través del ser humano, sea este ser que vea por Dios y no por él mismo, como ha dicho al-Kashânî (m.v.1213):

Esto consiste en ver la verdad por el Verdadero.

Este grado espiritual de la contemplación pone de relieve que la percepción del mundo, como la de los seres, no se hace en realidad más que por Dios. Nuestro testimonio se vuelve verídico desde el momento que nos damos cuenta de que toda criatura y nosotros mismos somos el espejo, el soporte de esta realidad última que se expresa a cada instante a través de toda la creación.

La criatura que reconoce el principio de Unicidad está en condiciones de recibir la bendición y la luz divina para aumentar su estado de conciencia. Y el despertar creciente a lo que somos nos hace ir de la inconciencia a la conciencia, de lo relativo a lo absoluto y de la muerte sin Dios a la vida por Él:

Es Él quien los bendice así como sus ángeles para sacarlos de las tinieblas a la Luz.

Corán, XXXIII, 43

Es gracias a esta bendición proveniente de Dios, que se extiende sobre sus criaturas, que sus elegidos se liberan de la trabazón de su alma hacia la contemplación de su Señor, del mundo creado hacia la luz del Creador o de las cadenas de las alteridades hacia el espacio de los secretos existenciales. La *shahâda* nos predispone para recibir la bendición y la teofanía que atraen al ser introduciéndolo en la Presencia divina.

Ayudar a sanar

La mejor manera de testimoniar la presencia de Dios en sí es servir de punto de apoyo a aquellos que están con angustia. Es posible levantar las cargas pesadas con una palanca y un punto de apoyo. Es lo que pretendía hacer Arquímedes cuando decía: «Dadme un punto de apoyo y moveré el mundo». Esto es cierto para todo, aún más para el facultativo que aplica este principio buscando, en él, ese punto de apoyo gracias al cual pondrá a su paciente en el camino de la curación. En el caso de un niño, es necesario, en principio, establecer un clima de confianza. El terapeuta no está para darle lo que sea, sino para escucharlo. Generalmente, un niño está más cerca que un adulto de la naturaleza original *(fitra)*, pues este último ya ha construido sus verdades y convicciones.

No perdamos de vista que cada paciente es un caso particular del cual no conocemos ni el destino ni el papel que desempeñará en esta obra de teatro que es la existencia humana. ¿Qué destino y papel le han sido reservados? ¿El de mendigo, burgués o médico? ¿Qué puede hacer frente al desamparo humano? La única certeza del terapeuta es que está frente a un ser que necesita ayuda. Concebir una terapia del alma es partir del principio de una fraternidad universal que exige de toda persona ayudar al que está en necesidad. Cualquiera puede comprender que asistir comienza por alcanzar un vaso de agua, aunque sólo sea esto, a aquel que tiene sed. Siempre se es el terapeuta de alguien y el enfermo de otro.

Dar un poco más de luz

El terapeuta debe aceptar que no puede curar a un paciente sólo esforzándose en ayudarlo. Esto no significa que toda terapia es insuficiente y está condenada al fracaso, sino que reconoce que no puede proponer remedios y recetas listas para usar. La pretensión de curar consiste, generalmente, para el médico convencional en diagnosticar para cada enfermedad un conjunto de síntomas determinados y prescribir una posología apropiada. Sus métodos y prácticas se aplican ante todo a curar los males del cuerpo. Es indiscutible que este tipo de medicina realiza en ese ámbito progresos considerables aliviando los dolores físicos, erradicando ciertas epidemias y mejorando la salud física. Sin embargo, ¿cuál es la eficacia de esos remedios cuando es necesario tratar una realidad más esencial que el cuerpo?

El sufismo propone un enfoque diferente para ayudar al alma humana a restablecerse. La persona que pide ayuda es considerada como un ser entre dos orillas. El paciente se encuentra en ese istmo entre la luz y la oscuridad. La terapia consiste, entonces, en saber cómo darle un poco más de luz para que no retroceda más en la oscuridad y no se evada más del mundo como lo hace un autista. El error sería dejarse ganar por el desaliento y decirse que no tiene nada que hacer frente a ciertas enfermedades. Se trata de intentar siempre y ayudar a la persona a encontrar el camino de la curación.

Ser un espejo

Cada ser humano tiene, oculto en alguna parte de sí, un punto sensible por el cual el terapeuta puede actuar sobre la enfermedad. A veces, tiene que pasar por un choque emocional que puede despertar en el paciente un pasado doloroso que siempre quiere negar. Es, entonces, posible restablecer, por ese lado, el contacto y permitir la apertura con el fin de ayudar al paciente a no recaer en el mundo oscuro de sus angustias. No olvidemos que cada paciente es un caso particular que exige un enfoque único.

Lo que pasa es que el enfermo piensa que su curación reposa totalmente en las manos de su médico, olvidando que una parte de su sanación depende él mismo. Ahora bien, el verdadero médico del alma es aquel que, aportando su ayuda, hace comprender a su paciente que debe llegar a la curación por él mismo siendo responsable y protagonista, y no sometiéndose a un estado de tutela. Esta observación concierne, en primer lugar, a los psicoterapeutas, pero puede extenderse a los religiosos, intelectuales y políticos, es decir, a todos aquellos que ejercen influencia y autoridad sobre las conciencias. La mayoría de los individuos angustiados, en efecto, prefieren descargar sus responsabilidades sobre otro o sobre la sociedad, por falta de amor propio y comprensión de sí mismos o simplemente por inmadurez, en vez de enfrentarse valientemente a sus dificultades. Si el terapeuta está allí para ayudar a curar al paciente y para aligerar su carga, debe, sin embargo, prevenirse y preservarse de una implicación demasiado afectiva para no ahogarse en los problemas del que procura salvar. Mejor evitar no llevar cargas más pesadas que las que se podrían soportar y no inmiscuirse en la vida de otro, por eso es preferible quedar como un observador imparcial siendo el espejo y la mano que ayuda.

El terapeuta no tiene que saber a qué confesión pertenece su paciente o si es ateo, sino que debe observar al ser que está delante de él. Cuando se trata de asistir, poca importancia tiene a quién va a brindar sus cuidados. Todo es aportar ayuda al enfermo que necesita; lo que el terapeuta hace poniéndose a su altura. No podrá llegar a él si se cree superior. Es necesario que haya entre el terapeuta y el enfermo una armonía y un clima de confianza. Si una persona siente que el terapeuta lo acepta como ser, cualquiera sean sus creencias y su origen social, entonces los velos, como los prejuicios que las personas tienen los unos sobre los otros en la sociedad, caen uno a uno. Cuando el paciente se siente en confianza cerca de su terapeuta, entonces comienza en él una toma de conciencia propicia para la curación.

El enfermo y el terapeuta

Se piensa generalmente que el terapeuta está en posesión de ciertos poderes y técnicas que provocan la curación, o más aún, que ha realizado una formación académica que le ha conferido una autoridad indiscutible en su dominio. Pero, en realidad, es el paciente que hace de él un terapeuta poniendo a éste último en la posición del que va a encontrar un remedio a sus males. Si el enfermo fuese consciente de que es un ser humano como su médico, la relación sería otra, pues habría un verdadero intercambio de igual a igual. El terapeuta está obligado a ejercer su función y desempeñar su papel, pero detrás de esa máscara social se oculta la realidad de un ser con la complejidad inherente a cada individuo. Adopta inmediatamente la actitud del que sabe y que está allí para curar. Si se levantara esa máscara y dijera: «¡Pero soy un enfermo como tú, buscamos lo mismo!», el paciente pensaría: «¡Está completamente loco!». Se iría con otro terapeuta y sería un cliente perdido.

Que el terapeuta considere a su paciente como su igual no significa que debe tratar a todos sus pacientes de la misma manera. Con cada paciente necesita renovar su aproximación; es necesario evitar toda generalización. Encontrar la terapia apropiada para un enfermo no se limita a una búsqueda de teorías contenidas en los libros, sino que abarca también la experiencia del terapeuta y el encaminamiento de su propio ser que lo lleva a ese estado de conciencia que lo une a su paciente. Y es en la cualidad y el nivel de relación vivida en el instante que va a revelarse la complejidad y la realidad del problema, como en los vasos comunicantes, donde se opera un equilibrio entre lo que falta y el exceso.

Ayudar a curar a su prójimo es llevarlo a despertar su conciencia para que redescubra la Unicidad que lo religa al conjunto de la creación. Una terapia puede ser una vía de curación si da fuerza al enfermo para recobrar confianza y equilibrio, y si reconoce que es siempre el vehículo formando parte de un todo por el cual ese reequilibrio y esa armonía son siempre posibles. Tanto el terapeuta como el paciente deben así aprender a despojarse de su propia individualidad para dejarse impregnar y llevar con toda serenidad por ese estado de conciencia universal que tranquiliza y nos reconcilia con nuestro destino.

6

Los tres estados del alma

El alma imperiosa

Una enseñanza del Sheij al-'Alâwî dice:

No abandones tu alma *(nafs)* ni la tomes en aversión, sino más bien acompáñala e interrógala sobre lo que hay en ella.[1]

En la tradición islámica, evocar el alma es volver a describir sus múltiples estados. El Corán la menciona y la define, sucesivamente, como un «alma imperiosa» *(al-nafs al-ammâra)*, luego como un «alma arrepentida» *(al-nafs al-lawwâma)*, y finalmente como un «alma apaciguada» *(al-nafs al-mutma'inna)*. Estos tres estados del alma corresponden, en realidad, a tres etapas de nuestra evolución espiritual.

El alma imperiosa domina completamente al ser. Está totalmente dominada por su ego primario, instintivo, herencia de su origen animal; ella vive sólo en función de sus

---

1. *Extraits du Diwân,* Les Amis de l'Islam, París, 1984, p. 6.

pasiones. Es lo que comúnmente se denomina egocentrismo o la arrogancia de querer a toda costa tener razón contra viento y marea. Se advierte bien en algunas personas cuando no llegan a encontrar en ellas el justo medio; sus comportamientos se vuelven invasores, dominadores y excesivos. Tratan y piensan como si estuvieran solas en el mundo. Mientras que el estado original del ser es la cultura del Sí mismo, donde se ha pasado por una inversión de la cultura del «yo» egocéntrica. Esto explica la importancia que reviste la adoración del cuerpo en nuestra época, objeto de todas las preocupaciones y todas las ansias. El cuerpo se vuelve rehén del alma narcisista que la gobierna y la maneja por el instinto y la ilusión de manifestarse. Deviene prisionero de sus propios fantasmas en una actitud de servidumbre voluntaria:

> ¡Oh, servidor del cuerpo! Cuanto te esmeras en servirlo
> Y le pides el beneficio allí donde hay pérdida.
> Ocúpate entonces de tu alma y presérvala en pulir sus bondades.
> Pues, es por el espíritu, no por el cuerpo, que tú eres hombre.[2]

Dominadora, esta alma quiere gobernar todo y encontrar su regocijo justamente en esta ascendencia. Existe ejerciendo su influencia simultáneamente sobre el ser del cual procede y sobre todo lo que toca y aproxima:

> El alma es instigadora del mal a menos que la preserve mi Señor por misericordia.
>
> Corán, XII, 53

---

2. Abû l-Fath al-Bustî (971-1010), poeta árabe de origen persa nacido en Bust, donde estudia el *hadîth,* el *fiqh* (jurisprudencia) y las bellas letras *(adab),* es del rito shâfi.

El alma arrepentida

Si esta alma se encarga y recibe una educación del despertar deviene entonces «el alma arrepentida» o el alma intermedia a la búsqueda de su equilibrio. Esta alma puede cometer errores o faltas y enseguida rechazar lo que hizo. En este estado, el ser puede ser malvado y agresivo pero reconoce que estuvo equivocado; busca corregir las consecuencias negativas de sus actos sobre el prójimo y sobre sí mismo. Sin embargo, no es porque rechacemos frecuentemente lo que hacemos, incluido aquello contra nosotros mismos, prometiéndonos jamás volverlo hacer, que estamos exentos de equivocarnos y causar perjuicio. ¿Cuántas veces nos pasa que vemos el bien, lo pretendemos, y sin embargo hacemos lo contrario?

Sea lo que sea, esta alma se inspira en una ética y valores universales inscritos desde tiempos remotos en la memoria de la humanidad. En todas las civilizaciones se encuentran leyes universales, aun si algunas de ellas han puesto el acento sobre la culpa exageradamente. Y lo más extraordinario es que pueblos de un mismo origen, permaneciendo más próximos a la naturaleza, hayan conseguido conservar esta ética de vida espontánea sin que sea parasitada por las teorías y las convenciones de las sociedades civilizadas; estas últimas han reaccionado a menudo con una moral hipócrita e inquisitoria.

Estas palabras del yerno del Profeta Mohammed, 'Alî Ibn Abî Tâlib lo expresan de manera clara y pertinente:

> Vivifica tu alma por la moral, extingue tus deseos por la templanza, fortifica tu fe por la certeza, embellece tu ser por la sabiduría, humíllala por el recuerdo de la muerte, hazle cierta su muerte, aclárale sobre las desgracias de este mundo, adviértele contra el ida y vuelta de la suerte y las vicisitudes del tiempo. Sé siempre noble de sentimientos,

no cambies el otro mundo por éste, evita hablar de lo que ignoras, opinar sobre lo que no te corresponde; evita tomar una decisión si temes las consecuencias, pues es mejor abstenerse en caso de duda que comprometerse ciegamente. Ordena el bien; combate la injusticia con la palabra y con los actos, evita por tu acción las injusticias. Que ninguna crítica te detenga; afronta las dificultades, si es necesario, para servir a la verdad; profundiza en tus conocimientos; acostumbra a tu alma a resistir frente a la adversidad, pues una de las más bellas cualidades es la perspicacia al servicio de la verdad y no olvides: «El saber es el cerrojo cuya llave es la pregunta».

El alma apaciguada

La sola y verdadera pregunta que el ser humano hace sobre sí mismo es la que va a comprometer su búsqueda hacia la armonía del ser. El cumplimiento de este último estado es el retorno hacia el alma apaciguada, el cual se opera cuando ésta ha encontrado su estabilidad y su equilibrio. Una vez que el alma llega a la etapa final de su camino, Dios le dice entonces:

> Alma apaciguada, vuelve a tu Señor, satisfecha y complacida.
>
> Corán, LXXXIX, 27-28

Esta alma pacificada atravesó las diferentes fases todas coexistentes en ella. En esta transformación, el alma imperiosa llega al estado del alma intermedia para, finalmente, alcanzar su pacificación completa. Es en el cumplimiento de un estado al otro que el ser produce su realización.

Sobre este punto, puede haber divergencias entre las tradiciones. Algunas proponen la destrucción del ego para alcanzar su fin. Tanto sectas así como regímenes políticos han recurrido a métodos violentos para que las personas no piensen por sí mismas. La historia contemporánea ha mostrado cómo desviaciones ideológicas han podido arrastrar a poderes políticos para utilizar una «terapia de choque» con objeto de aniquilar el alma de alguien quebrantando su personalidad y minando su moral. Otros utilizan medios muchos más sutiles como la diversión, ya conocida en el tiempo de los emperadores romanos bajo la famosa divisa «pan y circo». Y esto es válido actualmente.

Para el Sheij al-'Alâwî, no se trata de destruir el alma, ni «tomarla en aversión» sino de acompañarla. No es un enemigo para vencer definitivamente, sino que puede ser, por el contrario, la que nos permitirá encontrar la armonía entre el intelecto y nuestras pulsiones primarias, transformándolas. Debemos acompañar esta transformación hasta alcanzar el segundo estado del alma intermedia. Acerca de este estado es que el Profeta Mohammed dice:

El que conoce su alma conoce a su Señor.

Estas palabras significan que el conocimiento que tenemos de lo divino en el nivel del alma intermedia pasa por el filtro de la tradición que nos ha sido transmitida. Y sobre esto el Sheij al-'Alâwî promete más afirmando que «el conocimiento de sí es superior al conocimiento de su Señor». Con esto quiere destacar que el conocimiento del Ser divino se realiza en el nivel del alma apaciguada cuando ella ha podido liberarse de toda pesantez y límites filosóficos y religiosos inscritos en una tradición y una cultura dada. Por ella, el ser accede a un estado de conciencia universal.

Todos pasamos por el primer estado del ego, y no es porque seamos creyentes que evitaremos caer bajo el dominio del alma imperiosa. Siempre es posible caer, esa es la lucha común. En el fenómeno religioso, a veces se llega a justificar el asesinato por la creencia. Gracias a la educación del despertar, el alma se libera de las pasiones que la atormentan. Meditemos en la sabiduría de Jesús cuando dice: «Si alguien te pega en la mejilla derecha, ofrécele la mejilla izquierda»[3] o las palabras del Profeta Mohammed mencionadas por Abû Bako,[4] cuando indica la actitud en caso de disturbios:

> Ciertamente, habrá disturbios. Durante esas perturbaciones, el que está sentado estará mejor que el que está parado, mejor que aquel que camina, mejor que el que corre para tomar parte en ello. Cuando hayan estallado, el que tiene un rebaño de camellos se ocupará de sus camellos; aquel que tiene un rebaño de corderos se ocupará de sus corderos y aquel que tiene tierra se ocupará de su tierra.
> Un hombre le pregunta:
> —¿Y aquellos que no tienen ni camellos, ni caballos, ni tierra, qué harán?
> —Que tomen su sable y lo rompan contra una piedra, y que se preserven de los disturbios, si ellos pueden. Dios mío, ¿hice bien en enviar el mensaje?
> Otro pregunta:
> —¿Y si soy forzado a formar parte del lado de uno de los beligerantes y uno de los combatientes me hiere con su sable o soy muerto por una flecha?
> —Él deberá responder por su pecado y el tuyo, y será de la gente del fuego.

Estas enseñanzas dan una idea del grado de apaciguamiento que debe alcanzar el alma para sufrir una agresión sin que por ello haya reacciones violentas a cambio. ¡Somos capaces de eso mientras que la inmensa mayoría continúan

---

3. Evangelio según Mateo, V, 39.
4. Abû Bakra, primer compañero del Profeta y su primer sucesor designado después de su muerte.

sacudiendo y ensangrentando periódicamente regiones en las que todavía se ajustan cuentas por la ley del talión!

Observemos cómo el Corán (V, 28) juzga esta lucha fraticida entre Abel y Caín, que ilustra esta inclinación del hombre hacia el asesinato desde los orígenes de la humanidad:

> Aunque levantaras tu mano para matarme, jamás levantaría la mía para matarte, porque temo a Dios, Señor del universo.

Historia del beduino

Un día un beduino le consulta al Profeta: «Hice un bien a tal, y me devolvió un mal». El Profeta le dijo: «Vuelve ha hacerle un bien». El beduino continuó: «Le hice por segunda vez un bien, y nuevamente me devolvió un mal». El Profeta le respondió entonces: «Repite entonces hacerle nuevamente un bien». El beduino volvió más tarde y le dijo: «Le hice un bien una tercera vez, y todavía me devolvió un mal». Entonces, el Profeta concluyó diciéndole: «Escucha. Haz el bien todavía y aún más hasta que tu bien prevalezca sobre su mal».

Esta anécdota muestra cómo se consigue la pacificación del alma, y el grado que es necesario alcanzar para llegar allí. Pacificar tu alma no significa que las etapas precedentes hayan sido definitivamente borradas, sino que han sido integradas en el proceso de transformación hasta el completo apaciguamiento.

Toda la dificultad consiste en conducir este proceso de pacificación interior a un estado de apaciguamiento permanente. Ello supone un trabajo constante sobre uno mismo y una vigilancia a toda prueba.

El encaminamiento hacia el centro

Hemos visto que existen otros métodos coercitivos y agresivos que justifican un apaciguamiento aparente pero ilusorio, endureciendo el alma. Lejos de transformar al alma imperiosa, esos métodos la refuerzan haciéndola más disimulada. Sobre este tema, los maestros sufís dicen que el alma del primer nivel es tan sutil que no hace más que ocultarse para volver enseguida más fuerte. Por la educación del despertar, actuar mal se vuelve inconcebible para la conciencia del alma apaciguada porque ésta se desprende y se aleja espontáneamente de las artimañas. Para ella, toda mala acción se convierte en un veneno mortal. Por ejemplo, si surgen un pensamiento malo o una palabra ofensiva, su ego mismo rectifica ese comportamiento. Se le ha vuelto inconcebible perjudicar a otro.

En el esquema que se muestra en la página siguiente, el centro del círculo es la paz y el alma imperiosa se sitúa en la periferia más alejada de esta naturaleza original, la *fitra*. Como muestra este esquema, cuanto más nos alejamos del centro, hay más perturbaciones (simbolizadas por la línea quebrada): deseos, tensiones, celos, y el ego se vuelve más imperioso.

Entonces, el campo del ego ocupa todo el espacio del ser. Inversamente, a medida que nos aproximamos a nuestro centro, a esta naturaleza original del ser humano, más disminuyen las turbulencias en nosotros mismos. Este encaminamiento de la periferia hacia el centro no puede efectuarse bajo la influencia de un temor cualquiera o una presión moral, sino que debe ser el resultado de una acción libremente deseada, libremente consentida.

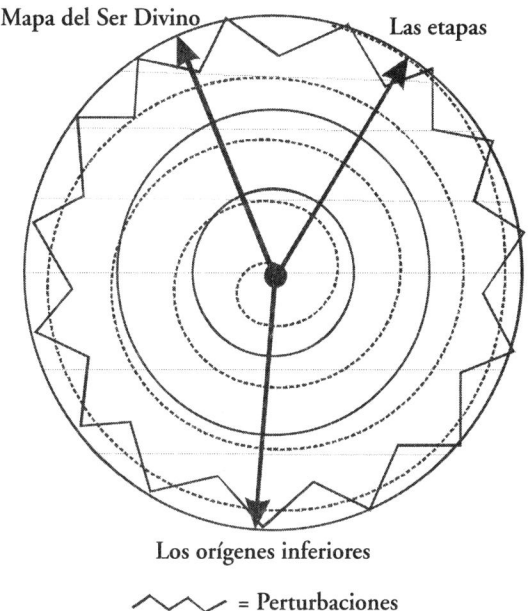

Historia de Râbi'a al-'Adawiyya

Retomemos el símbolo de Râbi'a al-'Adawiyya.[5] Se la ve partir con un haz de leña bajo un brazo y un cubo de agua en el otro. Se le preguntó: «¿Dónde vas así?», entonces ella respondió: «Voy a quemar el paraíso con la leña, para que nadie adore a Dios por el deseo de recibir una recompensa, y voy a apagar el infierno para que nadie adore a Dios por temor al infierno».

Râbi'a nos da una imagen de ese ego que funciona no por el deseo de la recompensa, aun la más sublime, ni por el temor del castigo, aun si es el infierno.

Y esto es el ego pacificado: el adorar a Dios por Él mismo. Es el mensaje de Râbi'a: «Adora a Dios por Él mismo únicamente». Y entonces se establece el equilibrio del ser.

---

5. Râbi'a al-'Adawiyya (713-801 d.C.): mujer sufí, gran figura mística del Islam.

No percibe más el mal y no lo desea más. El mundo de la división, de la dualidad se esfuma y se atenúa para dejar lugar a un apaciguamiento interior capaz de expandirse alrededor de sí.

Historia del Khidr y Moisés

Se podría pensar que este ser no cometerá ningún mal a nuestros ojos. Sin embargo, no es siempre ese el caso. El ser pacificado puede cometer acciones que pueden parecernos escandalosas. Así la sura «La Caverna», (Corán, XVIII, 67-82) relata la historia de la iniciación de Moisés por el Khidr donde las acciones de éste nos parecen inquietantes e incomprensibles:

- Hunde una embarcación con la cual un pescador los ha hecho atravesar, a Moisés y a él, sin pedirle pago. Él sabe que ese barco es el único medio que permite a ese pescador y su familia vivir. Ahora bien, en signo de agradecimiento él la hunde.
- Mata a un muchacho y comete entonces un homicidio, algo de lo más abominable.
- Reconstruye benévolamente un muro en una ciudad cuyos habitantes les negaron hospitalidad, aun un simple vaso de agua. Moisés, confundido, no comprende las acciones de su compañero.

Tenemos a través de este relato coránico la ilustración de dos conceptos que parecen opuestos: la ley, encarnada por Moisés representante de la justicia temporal, y el conocimiento intemporal que posee el Khidr. Moisés sigue escrupulosamente los preceptos de la ley que induce su juicio sobre la acción aparente a través de una prueba evidente. Condena las acciones del Khidr desde el punto de vista legal, pues su conocimiento está limitado al mundo de los fenómenos *('âlam al-mulk)*, mientras que el Khidr actúa y extrae su saber y su conocimiento del mundo imaginario *('âlam al-malakût)*. No destruye por destruir, sino al contrario, es para preservar de un mal futuro que él actúa así. Representa la vía de los conocedores que actúan a través de la percepción espiritual, y que no se limitan a las leyes que rigen el mundo terrestre. Y es posteriormente que el Khidr hará comprender a Moisés los fines de sus acciones. El Khidr hundió el barco para impedir que un rey que estaba en guerra lo requisara con el fin de llevar a su ejército a invadir el país vecino. Hundiéndolo en un agua poco profunda, poniéndolo a salvo de las miradas de los invasores, salvó al país vecino como al pescador mismo: no será requisado por el rey y enrolado en su ejército. Además, el barco estaba oculto pero accesible, podrá ponerlo a flote una vez que el rey y su ejército hayan partido.

En cuanto al asesinato del muchacho parece muy grave y criminal. Sin embargo el Khidr tiene sus razones, pues vio a través del muchacho todo el mal que cometería una vez llegado a adulto.

En cuanto al muro reconstruido, protegía un tesoro enterrado en su base perteneciente a dos jóvenes huérfanos. El Khidr no quería que el muro se hundiera y que el tesoro fuera encontrado por los aldeanos inhospitalarios que se lo hubieran apropiado. De hecho, reconstruyendo el muro, dio a los huérfanos la posibilidad de crecer y encontrar ellos mismos, al llegar a la mayoría de edad, el tesoro que les estaba destinado.

Esta historia nos indica, entre otras cosas, que es necesario prestar atención a las apariencias y cuidarse de todo juicio moral precipitado. Las tres acciones del Khidr, condenadas por Moisés, no eran aparentemente justas, lo han sido una vez que se han comprendido las motivaciones.

Vayamos más lejos al observar lo que esta historia nos revela con relación a nuestra propia historia, con relación a la presente situación humana. Si se aproxima esta historia a nosotros mismos, nos da otra iluminación. ¿Podemos salvar a alguien de un peligro futuro a menos que tengamos un conocimiento cierto o un don de clarividencia? ¿Podemos, a título preventivo, cometer un mal menor que nos evitará un mal mayor? Estamos frente a una situación que nos invita a una mayor prudencia, una gran vigilancia y una conciencia elevada, despojada de todo interés personal y puramente mercantil.

La segunda situación nos lleva a reflexionar sobre la suerte reservada a seres inocentes pero que son considerados como peligrosos a los ojos de algunos. Haciendo prevalecer su propio interés y el de la sociedad, juzgan preferible eliminar o castigar prematuramente. Así, en todos los tiempos y en todo lugar, algunos individuos han hecho sufrir a otros con el pretexto de que no comparten los mismos valores y creencias que ellos. Pero ¿sobre qué ley, sobre qué ciencia y sobre cuál verdad se fundan aquellos que cometen genocidios y masacres? La acción criminal del Khidr, que puede parecer escandalosa en la consideración de una moral bien pensante, en realidad, pone al hombre frente a sus propias insuficiencias y contradicciones. En efecto, ¿cuántas «malas semillas» han sido arrancadas o destruidas precozmente en el curso de la historia humana por seres megalómanos y sin escrúpulos en el nombre de la integridad y de la perennidad de una ideología, de una religión o de una raza? No está en el poder de ningún hombre ni de ninguna institución la pretensión de tener un derecho de vida o de muerte sobre sus semejantes, cualquiera que sean las razones enunciadas.

Finalmente, la última de las problemáticas planteadas por nuestro enigmático personaje es la de vigilar y salvaguardar los bienes de las generaciones futuras aun si ellas actualmente nos parecen que se comportan de una manera irresponsable. Estemos seguros de que nuestro Sabio a través de las lecciones dadas a Moisés busca, de hecho, hacernos reflexionar sobre nuestras propias acciones, nuestros propios comportamientos en situaciones que, en principio, nos parecen evidentes, tan claras que nosotros podemos, creyendo actuar bien, cometer lo irreparable. He aquí en ese sentido la invitación que está hecha a través de esta parábola coránica para evitar cometer lo peor para procurarse buena conciencia o para estar en paz con uno mismo.

En el estado del alma apaciguada, la raíz misma de la concepción del mal ha desaparecido. Pero no nos equivoquemos, no se trata de ser un testigo pasivo de lo que se produce a nuestro alrededor. La acción en el mundo permanece:

> Cualquiera de entre vosotros que vea una injusticia que la cambie con sus manos; si no puede, con la boca, sino con su corazón, eso es lo mínimo de la fe.

Este *hadîth* es siempre actual, hay que cambiar lo que es falso e injusto, pero todo reside en la manera de hacerlo. Es la manera de sanar el mal que cambia. Así no se cura jamás el mal con el mal. Esto es válido tanto para nosotros mismos como para la sociedad y el medio ambiente en el cual vivimos. Si se quiere reparar un mal, no se puede utilizar un mal equivalente. Se utilizará un bien, con el riesgo de que sea considerado, momentáneamente, como un mal.

A través de esta historia, hay que cuidarse de concluir apresuradamente que el fin justifica los medios. En el estado actual de nuestro conocimiento nada nos permite afirmar que en el ser humano no reside un potencial insospechado a conocer la naturaleza oculta de las cosas, que el futuro nos revelará un día. La historia del Khidr es un enigma que nos invita a permanecer humildes delante las nuevas realidades a explorar.

Transmitir por la vía del medio

¿Cómo favorecer la utilización de esta enseñanza en un entorno actual y con una terapia apropiada al ser humano de hoy?

Hemos hablado de la vía del medio. Según mi parecer, en esta vía del medio es el lugar en que debe situarse aquel que quiere aportar más paz en sí mismo y entre todos aquellos que se le aproximan. Su manera de vivir y tratar a los otros no está dictada por comportamientos excesivos e irreflexivos, sino por una apreciación justa y concienzuda de lo que hay que hacer y pensar. Ésta es la vía de la sabiduría, pues entonces nada se descuida.

En el caso de conflictos graves o de guerra, ¿qué posición adoptará aquel que se sitúa justamente en esta vía del medio? Ésa es una cuestión delicada pues cada uno sabe cuán difícil es no reaccionar bajo el golpe emocional y de manera partidaria cuando se ve involucrado, directa o indirectamente, en eventos trágicos. Nos sentimos concernidos por lo que afecta al ser humano y a la sociedad, no sólo en razón de las repercusiones inmediatas sobre nuestro estado del alma, sino también en razón de las consecuencias futuras sobre nuestros destinos individuales y colectivos. ¿Qué parte tomar, entonces, en un conflicto: el de los padres que lloran la pérdida de sus hijos? ¿Cómo podría ser razonable esa elección mientras las guerras hacen víctimas de los dos bandos? El ser humano reacciona a menudo a la manera de Moisés con relación a la ley, es decir reclamando que le sea dada justicia por aplicación del principio del talión. Sin embargo, ¿cómo podemos nosotros estar seguros de que el mal que infligiremos a una persona que nos ha perjudicado es equivalente al sufrimiento que hemos sobrellevado? ¿Cómo podemos devolvernos «ojo por ojo, diente por diente» mientras que sufrir una injusticia puede hacernos perder todo sentido de medida? El Corán (XLII, 40) nos invita a cada uno, respetando los derechos de reclamar una reparación equivalente al daño sufrido, a superar las contradicciones de una comprensión y una aplicación muy literal de la ley del talión:

> Una mala acción será sancionada con una pena igual, pero quien perdone y se reconcilie recibirá su recompensa de Dios. Él no ama a los que hacen el mal.

El que perdona y recomienda la reconciliación está cerca de Dios, pues ha sabido trascender su sufrimiento sin infligir uno equivalente a cambio. Por lo tanto, deja sin efecto su derecho de reclamar justicia, pues ha preferido perdonar apelando a la reconciliación, un acto doblemente meritorio y reparador que eleva el alma humana, la aumenta por el hecho de aceptar las pruebas de la vida buscado junto a Dios una compensación más grande por el amor y la comprensión. De todas maneras, nadie puede escapar al sufrimiento; en un momento u otro de su existencia, el hombre realizará esa experiencia. Es la lucha común de todos, tanto de aquellos que la dan como aquellos que la reciben. Este sufrimiento no lo evita nadie, ni príncipes ni reyes, ni los grandes ni los pequeños, puede golpear a cualquiera cuando sea.

Esta constatación nos invita a tener más prudencia en nuestros juicios y abstenernos de condenar muy precipitadamente lo que provoca en nosotros reacciones emotivas y excesivas. Esta observación vale también para las catástrofes naturales que incluyen enormes gastos materiales y terribles dramas humanos. Los botánicos de la isla de Reunión observaron que algunos árboles dan sus frutos después del pasaje de un ciclón. En el momento que ocurre el fenómeno es vivido por la población como una experiencia traumática, pero es necesario para el ciclo de reproducción vegetal. Esto debe hacernos reflexionar, pues nos dejamos impresionar fácilmente por la amplitud de las destrucciones sin pensar en lo que podría haber allí de positivo en una gran escala y a largo plazo.

El bien y el mal

¿Cómo llegar a definir qué es el bien o el mal? Un gran sufí, Ibn 'Atâ Allâh[6] de Alejandría en Egipto decía:

> Dios, haz de mis acciones negativas acciones que Tú ames y no hagas de mis acciones positivas acciones que Tú detestes.

Entre los hombres, los juicios sobre lo que es el bien y el mal son a menudo el resultado de la educación que se ha recibido y el efecto de una reacción emotiva frente a un conflicto en oposición a otro. Sin embargo es necesario atemperar nuestro juicio, pues estará siempre más o menos influenciado y orientado. Eso es normal, después de todo somos seres humanos. Durante un seminario un participante hizo la observación de que en la historia de la humanidad la guerra parece necesaria. Pero la paz también es necesaria. No se puede disociar una de la otra porque es un todo. Este mundo se constituye a merced de los azares históricos, y los conflictos, sin duda, han hecho avanzar a la humanidad en muchos planos, particularmente en el plano material y tecnológico. Se dice que el 80 % de la

---

6. Místico musulmán muerto en 1309.

materia prima del mundo se invierte en la guerra, ¿pero quién saca provecho de ello? Las consecuencias negativas, destructoras, que nos recuerdan la ferocidad y la barbarie, no pueden hacernos ignorar los aspectos positivos de las realizaciones técnicas. Por ejemplo, el avión supersónico inventado con fines militares y actualmente utilizado en el campo civil. Se inventó el radar que dio nacimiento a la ecografía, a aparatos médicos, al tomógrafo, a la resonancia magnética. Lo mismo para internet, que vio su nacimiento gracias a las bases militares.

No sólo el progreso técnico contiene ambivalencia, sino también las relaciones humanas basadas en la atracción y la repulsión. Pero volvamos a lo que está en la vía del justo medio: ¿llega a extirparse de sus dualidades sensibles contradictorias?

El oasis del alma apaciguada

Para cada uno la prueba es inevitable. Se ve la guerra exterior pero ¿qué es de la nuestra interior, la que el Profeta denominaba «*al-jihâd al-akbar*» la «gran guerra»? Todo lo que se ve son «pequeñas guerras» comparadas con la «gran guerra». En cuanto a áquel que ha conseguido la victoria sobre sí mismo ¿dónde debe situarse y cuál es su papel en la sociedad? ¿Qué le aporta esta victoria a sí mismo?

El alma tiene una necesidad imperativa de quietud y paz para abrirse en el momento de su experiencia terrestre y para mantener la esperanza de que la humanidad redescubra en ella el destino excepcional que le corresponde. Por el *jihâd* interior, su relación con el mundo se transforma y se equilibra. Alimentada por el recuerdo de Dios, se dirige hacia su realidad central, su eje que la vuelve más atenta en cuanto a su comportamiento. Es en el mismo sitio del combate interior que se sitúa el ser espiritual para alcanzar el alma apaciguada. Obrar para la plena realización de uno mismo se reduce a la preocupación de su expansión personal, esto compromete también la capacidad del ser de volverse él mismo ese vector de paz para difundirla en torno de él, incluso cuando no esté más físicamente allí. En el Magreb, por ejemplo, los santos son venerados por siglos después de su muerte. Las respectivas tumbas constituyen un verdadero oasis de paz. Es también el caso de Lourdes en Francia, o de Fátima en Portugal. Esos lugares sagrados, donde seres alcanzaron la estación espiritual del alma apaciguada, tienen tal irradiación que continúan actuando, actualmente como en el pasado, con un poder de atracción sobre todos aquellos que buscan una paz interior. Se va allí para recogerse, para recargarse e impregnarse de una influencia espiritual benéfica que la tradición islámica llama *baraka*.

Un poeta persa decía:

No destruyas los lugares santos: ¡son estaciones del alma!

Son oasis de paz donde se va después de haber visto al médico o al abogado y cuando no se encontró ninguna solución a nuestro problema. Se va a esos lugares para encontrar una salida aunque se sepa que hay que descubrirla en uno mismo.

Esos lugares fueron considerados en otros tiempos como santuarios o aun donde los condenados podían refugiarse sin ser molestados por las autoridades, pues ellos se colocaban bajo la protección del santo en ese espacio sagrado. Sin considerarnos santos, podemos desempeñar un papel positivo y ser un factor de paz incluso en las situaciones más conflictivas, sangrientas o trágicas. Puse de manifiesto en mi libro *El sufismo, el corazón del Islam*[7] esta cita del Corán (XXV, 63) que nos dice:

---

7. *Le Soufisme, coeur de l'islam*. La Table Ronde, 1996; Pocket, 1999.

Los siervos del Compasivo son los que van por la tierra humildemente y que, cuando los ignorantes les dirigen la palabra, dicen «Paz».

Son quienes sacan la energía bienhechora del Misericordioso *(Rahmân)* para servir al prójimo *(rahîm)* que, en árabe, designa también un Nombre divino. Pongamos atención sobre los pasajes: «... que van por la tierra humildemente» y «cuando les dirigen la palabra». El mundo está regularmente agitado por conflictos que nos interpelan y nos afectan. Seamos, por lo tanto, prudentes en nuestros juicios, no condenemos con apresuramiento, sino que elijamos responder simplemente: «¡Paz!». El ser trata siempre de ir a lo más profundo de sí mismo para allí buscar la paz, y ser un portador de paz, aun en los momentos más extremos.

Historia del caballo robado

Voy a contar sobre este tema una anécdota que me llegó por uno de mis abuelos, propietario de un hermoso caballo. Era envidiado por la montura y se le pagó a alguien para que se la robara. Como salía de su casa para ir a la ciudad más próxima, un ladrón que se apoyaba en un bastón fingió cojear y tener mal una pierna. Le hizo señas para detenerse y le pidió usar su caballo para hacer juntos una parte del camino. Mi abuelo se apresuró en darle asistencia, lo puso detrás de él sobre su caballo y partieron en dirección a la ciudad. Una vez bien instalado el ladrón, y habiendo entrado en confianza con el jinete que lo transportaba, repentinamente lo hizo caer a tierra para robarle su caballo. Entonces se detuvo una decena de metros más lejos y le dijo: «Ya ves te robé tu caballo, tu orgullo», como se decía en esos tiempos según una expresión árabe, porque antiguamente poseer un caballo era un signo de nobleza. Mi abuelo entonces le respondió: «Escucha, te regalo ese caballo. No digas jamás que lo has robado, porque si tú lo divulgas, ninguna persona dará auxilio a un necesitado y no lo llevará detrás de sí sobre su caballo; entonces agotarás una fuente de bien. Toma ese caballo, te lo regalo».

He aquí una acción de paz, de sacrificio hasta el extremo. Mi abuelo no pensó únicamente en la humillación y en la pérdida de lo que le era querido sino en las consecuencias que ello podría engendrar si las personas perdieran la confianza los unos en los otros al punto de no ayudarse más mutuamente. Esta anécdota nos enseña que las acciones están ligadas a nuestro estado de conciencia. Si nuestra alma está pacificada, tratará, aun en los peores momentos, de encontrar un medio para restaurar una situación que nos parece desesperada. Este esfuerzo de reequilibrio y de volver a centrar que se produce en el ser está caracterizado en el sufismo por la vía del medio. El alma humana es el lugar de un diálogo interior incesante y de una reflexión que se libra con ella misma para concretar y no aflojar su vigilancia. La cualidad del diálogo y la reflexión que allí se desarrolla depende del estado de conciencia alcanzado por el ser. Es por lo que el Sheij al-'Alâwî, nos invita a interrogar a nuestra alma para conocer su naturaleza profunda.

La *fitra* y los tres estados del alma

En efecto, la visión sufí de la terapia del alma busca resolver la siguiente problemática: ¿cómo restablecer este estado original, y con la quintaesencia del mensaje religioso primordial? En el marco de esta enseñanza, no se trata de proponer recetas sino de mostrar cómo los sufís o la gente de Dios tratan de retornar hacia este origen divino y hacia el mensaje primordial.

La dificultad es poder vivir conforme a su estado original mientras que éste está enterrado bajo los estratos del condicionamiento social y cultural. El hombre llega a olvidar e ignorar hasta la existencia de un estado paradisíaco en él, dado que ninguno de sus efectos sobre el plano temporal, afectivo y espiritual se hace sentir.

La naturaleza original es virgen. Venimos a este mundo con una inocencia y neutralidad total. Esos dos estados primordiales están ligados a la esencia de nuestro ser, la parte más sagrada de nosotros mismos. Buscamos esta dimensión de lo sagrado pasando por los tres planos o estados del alma: el alma imperiosa, el alma arrepentida y el alma apaciguada. Redescubrimos con admiración nuestra *fitra* a medida que conseguimos caminar a través de esta vía del medio hasta la realización del Hombre Universal *(al-Insân al-kâmil)*.

7

Restablecer lo sagrado

¿Cómo reintroducir lo sagrado sin circunscribirlo al dominio religioso? Que sea dicho claramente: ¡Lo sagrado es innato en el ser humano! Parecería que ha sido tan olvidado que es normal relacionar lo sagrado con los acontecimientos del calendario religioso (fiestas, días santos o meses sagrados) y a los lugares santos (Jerusalén, La Meca o Benarés sobre el Ganges); algunos consideran que todo lo que se desarrolla fuera de ese tiempo y ese espacio privilegiado es del orden profano.

¿No es ir contra la corriente de la historia restaurar lo sagrado en el corazón de la vida humana mientras que un movimiento profundo y durable de desacralización toca después de muchos siglos principalmente al mundo moderno, sea eso por la globalización de la economía de mercado, por los procesos de democratización o aun por el retorno del fundamentalismo, cuando confunde lo sagrado con la legalidad religiosa y profesa un mesianismo apocalíptico?

Es muy posible que el efecto de esta desacralización contribuya, paradojicamente, a devolver todo su sentido a la búsqueda espiritual. Pues este proceso, que acompaña al hombre en la liberación de todas las formas de tutela como la del condicionamiento cultural, lo dispone a descubrir, en un estado de libertad, su naturaleza original, la *fitra*. Así en su libro *Les Principes islamiques*, el Sheij al-'Alâwî dice:

> El *Din* —o religión— es un conjunto de prescripciones divinas que el Altísimo eligió en vista de su adoración y para mantener las relaciones entre sus criaturas. Aquel que las aplica con agrado es el verdadero musulmán.[1]

El retorno al estado original tiene una importancia capital para darle un fundamento estable a un trabajo sobre uno mismo por el cual tendrá lugar la sacralización del ser; realizándose éste en el equilibrio entre el mundo profano y el mundo sagrado, entre lo temporal y lo espiritual. Es por la vía de la sobriedad que la sacralidad del ser deviene operante. ¿Cuáles son, en consecuencia, las vías que podemos tomar para obrar en el sentido de esta sacralización?

Las dos vías de lo sagrado: el *fikr* y el *dhikr*

En la tradición sufí, se ofrecen al hombre dos vías para restituir lo sagrado al corazón de su existencia. Por un lado, el *fikr*, que se presenta como la vía de una reflexión profundizada por el intelecto; por otro lado, el *dhikr*, definido como la vía de la invocación o el recuerdo de Dios. Éstas son las dos vías complementarias a tener en cuenta para restablecer en el hombre la relación con lo sagrado unificando al ser. Por eso, la educación, en la tradición sufí, no se centra únicamente en el trabajo intelectual del *fikr*, se acompaña simultáneamente con la práctica del *dhikr*, que consiste en la rememoración de los Nombres y los atributos divinos. En ausencia de esta

---

1. En *Les Amis de l'Islam*, n.º 1, 1982.

reflexión y este recuerdo, es muy difícil, incluso imposible, acceder al pleno cumplimiento de este proceso de despertar. A través de esos ejercicios espirituales, se trata de recordar ese estado interior y anterior que el ser humano olvidó y que «la gente del recuerdo» busca conscientemente encontrar volviendo a conectarse con la parte oculta de ellos. Estos últimos se esfuerzan en religar al sagrado regalo, no en el exterior, sino en la intimidad profunda de su alma. Ahora bien, la mayoría de los practicantes buscan a Dios afuera de ellos mismos, adoptando una religión, un dogma, un gurú o tomando cualquier vía, pero siempre se lo representa lejano e inaccesible, mientras que es en la esencia pura del ser que podemos saborear su presencia:

> Y nosotros estamos más cerca de él que su misma vena yugular.
>
> Corán, L, 16

Para el ser es importante restablecer la relación con esta naturaleza original y divina con la cual vino al mundo. ¿Cómo accede el hombre a ese recuerdo para volver a ese estado original siempre presente en él pero que ha olvidado? Destaquemos, por otra parte, que el término árabe *insân*, que designa al hombre, comprende al mismo tiempo un sentido espiritual asociando la condición humana a un estado ordinario de olvido e inconsciencia. Este último sentido concuerda perfectamente con la enseñanza sufí, puesto que nos invita a rememorar nuestro estado de pureza original tomada de la vía de la reflexión, la vía del *fikr*. Es, entonces, posible que el hombre salga de su estado de amnesia y somnolencia para inducirlo al recuerdo de su naturaleza original gracias a la reflexión, a la sabiduría, o además a toda una educación del despertar. El canto, la música y todo lo que vuelve al alma más sensible y receptiva a la luz divina participan, en sus diferentes modalidades, de ese trabajo de rememoración. Pero existe otra vía, la del recuerdo, del *dhikr*:

> Acordaos de Mí, Yo me acordaré de vosotros.
>
> Corán, II, 152

Por la recitación o invocación de los Nombres y atributos divinos, los hombres pueden impregnarse de la energía vibratoria de la que son portadores y manifestarla sobre el plano de sus existencias. Su Presencia se vuelve operante en el ser en la medida en que el *dhikr* actualiza en aquel que lo práctica los atributos divinos esenciales, los cuales lo disponen a cumplir su función de *Khalîfa* sobre la tierra. Tal es el caso del atributo del Misericordioso *(Rahmân),* del cual extrae la energía de la misericordia para difundir y volverla efectiva al lado de su prójimo *(Rahîm)*.

> Desde hoy debo utilizar mi tiempo en sacar provecho
> y mencionar a Dios sinceramente;
> y por mi corazón y mi conciencia estar presente.[2]

Poner lo sagrado en nuestras acciones

Abordamos aquí un punto crucial de la terapéutica sufí, pues el recuerdo constante de Dios permite al ser retornar a la vía de la curación del alma y su apaciguamiento. El *dhikr* es entonces la mejor manera de acercarse a lo divino:

> Si mi servidor se acuerda de mí en él mismo, Yo me acordaré de él en mí mismo; si él se acuerda de mí en una asamblea, yo me acordaré de él en una asamblea mejor que la suya;

---

2. Sheij al-'Alâwî, *Extraits du Diwân, op. cit.*, «El *dhikr* es causa de todo bien».

si él se aproxima a mí un palmo, yo me aproximaré a él un codo; si él se aproxima a mí un codo, yo me aproximaré a él por un brazo; si él avanza hacia mí, yo correré hacia él.[3]

Las acciones realizadas en esta disposición de espíritu van a transformarse en don. Los menores hechos y gestos que cumplimos cotidianamente en el recuerdo de Dios toman entonces otra dimensión, la de lo sagrado. En efecto, si ponemos lo sagrado en nuestras palabras, en nuestra terapia, en nuestras conductas o aun en nuestra manera de comer, lo rehabilitamos alrededor nuestro. Nos volvemos más atentos con el fin de que nuestras acciones y pensamientos sean los más veraces y más justos posibles para hacer vivir en nosotros el principio de la Unicidad.

La sacralización del ser se vuelve posible en aquel que se vinculó voluntariamente a una vía auténtica y recibió su iniciación de un Representante de una cadena iniciática que se remonta hasta el Profeta Mohammed, y a través de él a la tradición primordial. Recordemos que no es necesario hacer proselitismo sobre los que no están en la búsqueda de esta enseñanza, ni de aquellos que no están preparados para recibirla. No podemos indicar la vía a quien no la busca. Esto no impide que los terapeutas reaprendan, hoy, un lenguaje que afirme la existencia de lo sagrado. Freud, el padre del psicoanálisis, no tuvo ningún escrúpulo en romper con esta disposición natural en el ser humano y escribió sin ambigüedad en sus textos reduciendo la esencia de las representaciones religiosas a ilusiones consoladoras o a «la realización de los deseos más antiguos, más fuertes, los más urgentes de la humanidad».[4]

---

3. Hadîth *qudsî* (palabra transmitida por la tradición profética, al margen del Corán).
4. Freud, *El porvenir de una ilusión,* capítulo 1, sección VI.

Invertir el proceso, reintroduciendo lo sagrado en una terapia, no es proponer convertirse en musulmán, cristiano o cualquier otro, sino que es dejar de ocultar la naturaleza esencialmente espiritual del hombre. Si nadie se preocupa de lo sagrado, si en toda la sociedad no se habla más de ello, se acrecientan los sufrimientos de la humanidad. Entonces, somos cómplices de este ocultamiento. Participamos más o menos concientemente en ello y esto trae consecuencias desastrosas. Actualmente, hay allí una urgencia para que el que interviene en la sociedad, sea terapeuta, médico o educador, testimonie con su actitud esta dimensión y hable de ello como una realidad constitutiva de nuestro ser y nuestro mundo, tan real como nuestra realidad física. Todos lo podemos testimoniar, aun si no es necesariamente por la palabra, podemos hacerlo al menos por nuestra sola presencia. De la misma manera en que la conciencia puede ser transmitida, a menudo por la vía del silencio, sin pasar por la enseñanza oral, igualmente otro puede tomar conciencia de lo sagrado sin que le hayamos dirigido ninguna palabra; y, sin embargo, un estado del ser le ha sido comunicado sutilmente.

El despertar a la sacralidad de la vida

La primera etapa de la enseñanza sufí pretende despertar lo antes posible nuestros sentidos a la sacralidad de la vida:

No mates la vida que Dios hizo sagrada.

Corán, XVII, 33

Si esto permanece oculto a nuestros sentidos por no haber recibido la educación del despertar apropiada, nos será más difícil concebir la trascendencia divina. Entonces, es a través de ese proceso de despertar a lo sagrado que tomamos conciencia del respeto debido a todo ser viviente en la medida que él contiene la identidad y la huella de esta sacralidad.

En las sociedades tradicionales, la educación descansa sobre numerosos gestos de la vida cotidiana, que pueden parecer sorprendentes a una consideración extraña, pero que permiten a un niño, desde su más tierna infancia, descubrir la presencia de una realidad espiritual oculta en toda cosa. En otro tiempo, cuando una persona encontraba un trozo de pan sobre la tierra, lo recogía y lo ponía en un lugar seguro porque lo consideraba sagrado. También se aconsejaba entrar siempre en un lugar con el pie derecho. Todos estos principios no son, en realidad, limitaciones o comportamientos supersticiosos; han sido establecidos para volver al hombre más conciente de sus gestos en lo cotidiano. Lo mismo ocurre, por ejemplo, para las abluciones. No son nada más que la purificación de los sentidos que permiten sacralizar nuestro cuerpo. Los sentidos comprendidos son: la boca, la nariz, la cara, los ojos, las orejas, la cabeza, las manos, los pies y el sexo. Se opera una transformación por los sentidos desde que somos capaces de acompañar cada uno de nuestras acciones y gestos por la conciencia de lo sagrado. Cuanto más favorece la educación el despertar de nuestros sentidos, tanto más nos damos cuenta de que todas las formas de vida son sagradas.

La biología nos enseña que los primeros organismos vivientes aparecieron en el agua. La revelación coránica confirma esta idea haciendo del agua la fuente de toda vida:

Hemos hecho a partir del agua toda cosa viviente.
Corán, XXI, 30

Es el agua misma sagrada, pues nos pone siempre en relación con la vida. Es por eso que podemos ver en las abluciones que preceden a las oraciones el símbolo de un rito de pasaje de la vida profana a la vida sagrada. Cuanto más sensibilicemos al niño a la presencia del Viviente en él y en las realidades que lo rodean, más desarrollará su campo de conciencia a medida que su intimidad se reforzará con ese atributo divino. La finalidad de la educación del despertar a lo sagrado es hacerle comprender que la vida en él, y todos nosotros, es la misma que la que está presente en el gato, en el pájaro o en el árbol.

La educación dispensada hoy generalmente apunta, por el contrario, a fortificar la individualidad al punto de romper los lazos con la naturaleza. Hemos aprendido a devenir observadores imparciales y desencarnados de la naturaleza como si fuésemos extraños en el entorno en que actuamos y que nos ha dado vida. Desacralizando la naturaleza, hemos quebrantado el estado de espíritu que mantenía con ella una relación equilibrada y sana. En nuestra sociedad lo sagrado no existe más; hemos terminado por alejarnos de él cubriéndolo de velos, como sostiene este versículo coránico:

> Él ha acondicionado la tierra al servicio de todos los seres vivientes, proveyéndoles de árboles frutales, palmeras con frutos bien protegidos, semillas de cereales y plantas aromáticas. ¿De cuál, pues, de los beneficios de vuestro Señor renegaréis?
>
> Corán, LV, 10-13

La sacralidad de la vida consiste en percibir lo divino en la obra que contemplamos. Esta experiencia extraordinaria nos conduce a respetar a todas las criaturas, puesto que provienen del mismo origen divino. Para aquel que se esfuerza constantemente en despertar sus sentidos a la belleza y a la riqueza de las realidades de este mundo, todo se vuelve viviente y sagrado, tanto los seres animados como los inanimados. En nosotros se opera una transformación desde que nos percatamos que todo es Viviente y la fuente de la que brota es inagotable. Experimentamos un contentamiento interior por el hecho de ser vivientes y capaces de contribuir a una renovación perpetua de la creación a través de los actos de adoración. Esta educación de despertar a la sacralidad de la vida nos lleva a tomar conciencia de los lazos que nos unen al Viviente en sí y de la calidad de las relaciones mantenidas con Él. Percibimos, entonces, las afinidades sutiles que la vida teje entre todos los seres y que nos lleva a esta realidad unitiva. Es cuando nos tomamos el tiempo de observar el trabajo laborioso de la hormiga, contemplar el vuelo majestuoso y efímero de la mariposa o escuchar en la noche el canto melodioso del ruiseñor, que nosotros comprendemos que la fuente de la vida sigue siendo una en la diversidad de sus manifestaciones.

Recargarse a través de la alabanza

Restablecer en nosotros esta noción de lo sagrado es encontrar una fuente inagotable de energía y contentamiento. Esto se manifiesta por una transformación inmediata en nuestro ser a través de la acción, pues lo que hacemos lo hacemos de ahora en más en la alabanza *(al hamd)*. Desde la mañana, al levantarnos, podemos acceder a la oración y al canto en un estado primordial. Pues, es por la adoración que la alabanza alcanza su apogeo y no sólo por el recogimiento y la meditación. El hecho de colocar esta noción de lo sagrado en el corazón mismo de nuestras existencias cambia nuestra visión del mundo, así como nuestra relación con el prójimo. Vivimos en un pleno reconocimiento de lo que Dios ha hecho para nosotros. Con la alabanza y el agradecimiento podemos acceder a un estado de adoración permanente:

> Celebra las alabanzas a tu Señor durante la noche, así como al alba y al crepúsculo. Puede que seas agradecido.
>
> Corán, XX, 130

Cuanto más nos religamos a lo sagrado más tenemos que decir *Bismillâh*,[5] pues no somos nosotros quienes actuamos, sino Él. Nuestra individualidad se borra para que a través nuestro se haga su voluntad. ¡Es por Él que nosotros obramos!

> Es Dios quien os ha creado, a vosotros y lo que hacéis.
>
> Corán, XXXVII, 96

Estemos atentos en colocar la sacralidad en todo: en nuestras acciones como en la creación. El niño es sagrado, el enfermo es sagrado, la tierra y los cielos son sagrados, y lo es además todo lo que existe. No tenemos necesidad de enumerar que es Él quien interviene en todo aquello. Todo se hace espontáneamente en la vida misma, en nuestra cotidianeidad. Como decía el Sheij al-'Alâwî en su poema «La Lotfiyya»:

> Él está en nuestra sangre, en nuestra carne, en nuestros huesos, en nuestras venas.

Es un estado de gracia, y se lo experimenta como tal.

Ser en el instante

Sería erróneo creer que existen ejercicios o prácticas para ponerse en relación con lo sagrado ya que es el instante

---

5. Fórmula que significa «En el nombre de Dios» que precede normalmente las acciones en el Islam.

que manda. Si buscamos aplicar recetas allí termina nuestra espontaneidad y nuestra sinceridad, entramos en la rutina y el engaño. Ésa no es la manera adecuada de proceder, dado que es el momento presente el que manda y decide relacionado con el estado de conciencia en el que estamos y la situación encontrada. De hecho, la cuestión es saber dónde estamos con relación a nuestro Divino. En suma, ¿estamos próximos, alejados, o en el medio? Cuanto más está el alma pacificada en la alabanza, más recibe:

Si tú me alabas, aumentaré mis beneficios sobre ti.

Corán, XIV, 7

Lo divino actúa de manera tal que cuanto más damos, más recibimos. Bien entendido, eso no se traduce siempre de forma inmediata en los hechos. Es por eso que:

Dios está con los que tienen paciencia.

Corán, II, 249

En efecto, aprender a ver en los acontecimientos imprevistos y perturbadores que sobrevienen regularmente en nuestra existencia signos que nos guían hacia Él requiere paciencia, vigilancia y discernimiento. El desarrollo de estas cualidades nos permite saber qué somos y dónde estamos en nuestro viaje interior. La tradición sufí ve en toda prueba una bendición y una indicación abierta a aquel que está en la búsqueda de lo absoluto. Es necesario poder comprenderla, aceptarla y buscar su significado para no sentirse injustamente agobiado y no obtener de ella una enseñanza negativa.

Pasar más allá de los sentidos

El despertar de los sentidos desempeña un papel importante en el descubrimiento de la sacralidad de nuestro ser. Sin embargo, al mismo tiempo que nuestros sentidos son los medios para abrirnos a la complejidad de lo real, son velos que ocultan la esencia de los fenómenos. La cuestión es saber si es posible pasar más allá de los velos que constituyen nuestras facultades sensitivas para tomar conciencia de otra realidad diferente de aquella para la cual nos hemos preparado. Sin duda, nuestros sentidos externos permiten percibir inmediata e instantáneamente lo que pasa en nosotros y en el exterior; son tanto canales y receptores por los cuales se transportan todo tipo de información. Pero no debemos olvidarnos de la existencia de sentidos internos o espirituales capaces de captar datos sensibles sin que hayan sido recogidos previamente por los sentidos ordinarios. El ser humano no supone, en general, que contiene en él la capacidad de hacer la experiencia de una realidad trascendente. Pasar más allá de los sentidos es transmitir y comprenderse sin palabras o tan sólo por algunas palabras, como fue el caso del célebre encuentro entre Ibn 'Arabî y Averroes. Deseoso de saber si la iluminación e inspiración divinas dispensan un saber comparable a la reflexión especulativa, el filósofo invita al joven Ibn 'Arabî. Éste último lo visita después de haber terminado su retiro espiritual, tal como relatará más tarde en sus *Futûhât*:

> A mi entrada, el filósofo se levanta y viene a mi encuentro prodigándome las señales demostrativas de amistad y consideración, finalmente me abraza. Luego me dice: «Sí». En mi turno le digo: «Sí». Entonces su alegría aumenta al constatar que yo lo he comprendido. Pero inmediatamente, tomando conciencia de lo que ha provocado su alegría, agrego: «No». Enseguida Averroes se tensa, el color de su rostro se altera, y parece dudar de lo que piensa.[6]

---

6. Ibn 'Arabî, *Futûhât*, ed, del Cairo 1329, vol. I, pp. 153-154.

El que está en la vía del medio toma conciencia de una presencia divina en todo:

Él está con vosotros dondequiera que estéis.
Corán, LVII, 4

La visión sufí de la terapia del alma consiste en restablecer en el ser humano lo sagrado y eso puede hacerse espontáneamente sin haber recurrido a ninguno de nuestros sentidos. La presencia divina no se aprehende por percepciones sensibles como si se tratara de realidades contingentes. Esta presencia no está en nuestro interior ni en el exterior. Está en todas partes y en ninguna parte a la vez. Es un sin-sentido querer limitarla a lo que sea, pues está fuera de toda dimensión, fuera del espacio y del tiempo.

Él es el Primero y el Último, el Manifiesto y el Oculto.
Corán, LVII, 3

Toda tentativa para restablecer lo sagrado en nosotros por enseñanzas o técnicas es, pues, vana. Esta presencia divina no se aprende en cursos de religión o filosofía. Despreocupándose de la comprensión de la creación y de los acontecimientos que vienen a nosotros todo tiene sentido. Tanto las realidades contingentes como las más sutiles se aclaran espontáneamente desde que nosotros nos mostramos en cada instante, disponibles y abiertos a la manifestación de sus signos. Si el sentido de la *fitra* nos interpela tanto, como también otras nociones, es porque ya tenemos todo en nosotros. Es una realidad que aparentemente ignoramos y repentinamente, sin saber verdaderamente por qué, ella se nos revela volviendo operativas las potencialidades insospechadas de nuestro ser. Pero existe un elemento disparador e imprevisto en el origen de esta experiencia extraordinaria, es un encuentro. Esto puede surgir en cualquier momento, cuando menos lo esperamos, como la forma de un perfume que transmite inmediatamente el olor por medio de los nervios olfativos al cerebro, que juzga, apreciándolo según las sensaciones que crea:

> Un encantamiento indefinible parece entonces apoderarse de nuestro ser, una vida más generosa recorre las venas, plenas emociones de ternura desbordan del corazón; perdido en una dulce contemplación, el alma encuentra lejanos recuerdos y se abandona en sueños de dicha.[7]

Situarse en lo universal

Para mantenernos más eficazmente en la *fitra* y volver esta experiencia más fecunda y profunda, hay que tratar de elevar nuestra conciencia al nivel de lo universal. En tanto que un ser permanece en esta universalidad, recibe en profusión una energía de origen sagrado, pero por poco que su alma quiera apropiársela, pierde entonces todo contacto con la fuente divina. En efecto, si nos inclinamos repentinamente desde la universalidad hacia nuestros particularismos, la pertenencia religiosa, filosófica, comunitaria o ideológica nos va a arrebatar la unidad divina. En ese momento todo está perdido. Pero lo Divino se alimenta de todo, comprendido allí aquellos que niegan su realidad o el agobio de todos los males. Nada nos impide estudiar la teoría psicoanalítica de Freud y ponerla en práctica. ¿Por qué no? ¿Quién es Freud? ¡Es también Él! Es también lo Divino que habla hoy a través de éste o aquél. Dijimos antes que hablar de lo sagrado no es hablar de religión. Estamos en un país donde, gracias a Dios, cada uno puede elegir la suya e incluso no tener ninguna.

---

7. Eugène Rimmel, *Le livre des parfums*, Dentu, Galería de Orleans, 1870.

No hay coacción en la práctica de la religión.
Corán, II, 256

No podemos forzar a nadie. Y eso va más lejos porque el Corán nos dice:

Tú no puedes guiar a aquellos que tú amas.
Corán, XXVIII, 56

¿Qué amamos ante todo? En general, amamos a nuestros seres más próximos, nuestros hijos por ejemplo. Cuando el Corán nos dice: «Tú no puedes guiar a aquellos que tú amas» significa también: «¡Tú no puedes convertirlos!». Meditemos en esta enseñanza para que la libertad en el dominio religioso no sea una palabra vacía de sentido.

Actuar en la Presencia divina

Esta noción de orientación se transmite más allá de la enseñanza. A través de nuestras acciones y pensamientos, es siempre lo divino que actúa. No somos más que una parte del Todo sometidos a su voluntad. Mientras que nosotros creamos en ello, que adhiramos, tenemos ese vínculo definido por «Él está con vosotros donde sea que estéis» (Corán, LVII, 4). Esta Presencia tiene un sentido y una realidad en nosotros. La confianza en esta Presencia, la certeza que tenemos de ella se vuelve efectiva. Cuanto más tenemos esta aptitud de despertarnos a nuestra naturaleza profunda original, esta Presencia más se acrecienta y deviene benéfica. Eso no significa que todos los problemas se arreglen por sí mismos, pero los que sobrevienen refuerzan y afirman esta presencia en nosotros.

Para aquellos que caminan sobre esta vía, la pruebas con las dificultades y sufrimientos que derivan de ello no desaparecen como por encantamiento, sino que devienen en los medios y puntos de apoyo que alimentan al ser y lo estructuran haciéndole conocer sus límites para que su ego no caiga en la arrogancia. Aquellos que han mantenido la tradición viviente hacen gala de una gran serenidad aun frente a las peores desgracias, pues aceptan que todo sucede «según la voluntad de Dios» *('ala murad Allâh)*. Tanto que esta voluntad quiere que nosotros estemos allí, que existamos y obremos en conformidad con su decreto. Y es solamente la experiencia personal, más allá de las palabras, que aportará temprano o tarde una respuesta a nuestros interrogantes concernientes a nuestro destino. Todos hemos vivido más o menos momentos favorables y privilegiados donde nos hemos sentido como llevados por la mano de la Providencia, la cual concretiza su presencia por la realización de proyectos o por respuestas positivas, mientras que nos desesperamos por no poderlos concretar. Hay una recompensa extraordinaria para el que está presto a aniquilarse frente a la voluntad divina. En esos momentos, cuidemos de no atribuirnos un poder cualquiera, pues si no hacemos el juego del ego y nos arriesgamos a invertir esta influencia benéfica.

La estación del servidor de Dios *('ubûdiyya)*

Aceptar volverse un canal por el cual la voluntad divina se manifiesta en su creación es aceptar elevarse a lo que se llama, en la vía sufí, la estación del Servidor de Dios, la estación que marca el cumplimiento de la realización espiritual. En la lengua árabe el servidor es designado por el término *'Abd*. Pero no se trata de cualquier servidor puesto que designa el estado total de abandono de la criatura humana a su Creador. A menudo se traduce *'Abd Allâh* por «el esclavo de Dios» para insistir sobre el hecho que la totalidad del ser está puesta al servicio de lo divino. El sufismo distingue diferentes estaciones *(maqâmât)*, y la estación de *'Abd* es la de los elegidos y los santos; es más elevada que la estación de la Profecía. Es importante conocer estas nociones para poder comparar la enseñanza sufí con otras enseñanzas tradicionales. Cuando los musulmanes hacen «la Oración sobre el Profeta», dicen:

Señor, ruega sobre Sayyidinâ Muhammad, tu Servidor y Tu Profeta.

Comienzan entonces por atribuirle un título más honorífico, el de Servidor; el de Profeta viene después. Por otra parte, todos los profetas son Servidores de Dios. Esta distinción precede siempre la designación de los diferentes atributos que le son acordados como testimonio de este versículo:

Y acuérdate de Abraham, Isaac, Jacob, nuestros servidores grandes y clarividentes.

Corán, XXXVIII, 45

No siempre nos damos cuenta de la importancia de este atributo en la realización espiritual aunque es el estado más elevado y más próximo a Dios. Cuanto más desarrollamos en nosotros esta disposición al servicio, más vivimos en la intimidad de lo divino. Ser *A'bd Allâh* significa que el individuo no se pertenece más, pertenece a su Creador, pero es una pertenencia consciente y voluntaria que hay que distinguir del estado de servidumbre donde está desposeído de su libertad y reflexión. Contrariamente a lo que se piensa a menudo, la estación del Servidor, la *'ubûdiyya'*, es la estación de los liberados; encarna al ser humano liberado de las diferentes formas de tentaciones negativas (poder, dinero, honor, etc.) y que coopera con el querer divino. Esta estación instaura en el ser liberado un punto de equilibrio que lo mantiene a igual distancia del conjunto de las realidades contingentes, sean estas últimas positivas o negativas. El Servidor de Dios es el estado de aquel que ha roto las cadenas que lo religaban a toda suerte de codicias y servidumbres que nos impone la vida terrestre.

El hombre, Servidor de Dios *(Abd Allâh)*

Una vez más, no se trata de proponer milagrosas recetas terapéuticas sino de percibir al prójimo y al mundo en un nuevo estado del ser. Desde que el terapeuta se sitúa en ese estado de *'ubûdiyya,* va a poder comunicarse mejor con su paciente, pues él instaura las condiciones de una verdadera escucha y de un auténtico intercambio.

Si consideramos a un ser como un *'Abd Allâh*, un Servidor de Dios, entonces miles de velos desaparecerán espontáneamente entre Él y nosotros. El que adopte esta disposición de espíritu toca al otro en lo más profundo de él mismo. Es una experiencia que todo el mundo puede hacer. Pero eso puede ser una trampa si no lo hacemos sinceramente y si lo tomamos como un juego. El estado de Servidor realmente vivido desarma al que viene hacia nosotros con malas intenciones. Es una experiencia a vivir con la condición de aceptar recibir al prójimo poniéndose a su servicio.

La estación del Servidor supone estar siempre disponible. Aunque el otro no quiera, no deja de ser para mí *'Abd Allâh*. Él está más allá de toda pertenencia étnica, social o cultural; él es Él que se nos presenta cada vez con un nuevo rostro, para probarnos, o nos recuerda la necesidad de difundir la paz en torno nuestro, cualesquiera que sean las situaciones encontradas:

> Los siervos del Misericordioso son aquellos que caminan por la tierra humildemente y que cuando los ignorantes les dirigen la palabra, dicen: «Paz».
>
> Corán, XXV, 63

Si estamos atentos constantemente de vivir en el estado de espíritu que todo el prójimo es como nosotros «un Servidor del Todo Misericordioso», un diálogo respetuoso, sincero y fructífero va a instaurarse entre él y nosotros. Y el que es capaz de ello se vuelve como un imán que atrae y unifica los corazones. Esto es válido no sólo para una persona sino también para un grupo. Desde que nos dirigimos a un público, por ejemplo, considerando a cada persona como un servidor de Dios, la comunicación tiene otro alcance. En realidad, todo depende de nuestro estado de conciencia: si nosotros mismos somos Servidores de Dios, veremos a los otros como servidores de Dios.

A veces durante reuniones públicas sucede que una persona, consciente o inconscientemente, se entromete en la comunicación y actúa como aguafiestas tomando partido por uno de los interlocutores. Siempre es muy interesante ver cómo lo sagrado se traduce en los hechos. El perturbador se encuentra siempre dejado a un lado por los otros sin que la persona atacada haya tomado partido ni intervenido.

Pero para que eso se produzca, debemos ser capaces de ser Servidores de Dios poniéndonos al servicio de nuestro prójimo. Cuidémonos en el plano del espíritu de no darle jamás otra cosa que la que Dios consienta libremente darnos. Por supuesto, eso no excluye el producir esfuerzos y obrar seriamente para mejorar la calidad de nuestras relaciones. El abandono confiado a Dios se vuelve aquí una necesidad absoluta para evitar que el ego acapare los beneficios de sus acciones, olvidando que es por Él que actúa. Tomando conciencia de que todo viene de Él, realizamos voluntariamente el estado de Servidor para participar activamente en su creación.

Dios no es un tirano que amenazaría en reducir a la criatura humana a un estado de servidumbre. Si tal fuese el caso, no le habría acordado la libertad de poder desobedecer y volverse en contra de Él. Es entonces por efecto de su misericordia que el hombre tiene la posibilidad de decidir por sí mismo elegir servir y cómo considera hacerlo.

El estado de Servidor: una misericordia divina

El estado de Servidor puede dar la impresión de estar reservado a una elite de iniciados, dado que concierne al más alto grado de realización espiritual. Pero es la misericordia divina que la vuelve accesible a cada uno. Esta energía inagotable es semejante a una lluvia abundante que desciende permanente e indistintamente sobre todas las criaturas. Si el ser humano ha sido creado para ponerse libremente al servicio del Creador, esta posibilidad revela su voluntad misericordiosa y no su castigo:

> Todos los que están en los cielos y en la tierra se presentarán delante de Él como servidores.
>
> Corán, XIX, 93

Nosotros comprendemos el sentido de ello cuando el alma produce su propia transformación. Una vez pacificada, ésta dispone nuestra conciencia para reconocer los beneficios de su Señor y a estar en estado de adoración y alabanza frente a la creación. El alma del medio no los reconoce siempre y a veces se rebela. En cuanto a la del primer nivel, el alma individualista e imperiosa, tiende a querer apropiarse de todo y entregarse al culto a sí misma sí.

Eso no significa que la estación del Servidor tenga por función destruir la individualidad y la estima de uno mismo. Pues amarse, es amar a la criatura divina que somos. El que se detesta, de hecho, detesta a su Creador. Es imperativo mantener un justo equilibrio entre el amor hacia uno mismo y el apartarse de uno mismo. Dicho amor no debe conducirnos a un amor narcisista, sino a una justa apreciación de nuestras cualidades y nuestros defectos. ¡El desafío es poder vivirlo en lo cotidiano!

8

Los tres principios del Islam

El Islam, *la ley*

El mensaje revelado del Islam comporta un aspecto terapéutico al hablar sobre la curación del alma humana: es «una curación para los corazones enfermos» (Corán, X, 57). Este mensaje responde a la vez al ser humano, a su necesidad espiritual de conocimiento absoluto y de conocimiento de sí mismo. La tradición islámica indica tres principios fundamentales a seguir –la ley, la fe y la excelencia– para que la quintaesencia de este mensaje divino se nos revele.

Hay que hacer un paralelo interesante entre esos tres principios y las tres etapas del alma. Podemos ver que la ley, hablando propiamente del Islam, corresponde a la primera etapa del alma: el alma imperiosa, que es la más narcisista e individualista. La ley viene a poner orden a sus agitaciones explicándole lo que es lícito e ilícito a esta alma que no quiere entender nada y se rebela *(al-nafs al-ammâra)* permanentemente. La ley le indica al alma imperiosa, que no se somete por ella misma a una autoridad exterior, lo que está obligada a hacer o lo que tiene prohibido. Por ejemplo, los diez mandamientos que han inspirado históricamente las leyes laicas de las sociedades modernas cumplen esta función.

Imân, la fe

La segunda etapa del alma: el alma del medio o arrepentida *(al-nafs al-luwwâma)* corresponde al segundo principio de la religión musulmana, es decir, la fe. Cuando nuestra alma está turbada y desorientada nos vemos impelidos a cometer malas acciones; la fe lleva a lamentarlas luego. Es un juego permanente, un vaivén incesante, entre el contentamiento de uno mismo y el lamento. Cuanto más aumenta nuestra fe, más nuestro estado de conciencia deviene atento y capaz de discernimiento respecto de lo que hacemos y pensamos.

La fe en Dios es un alivio, una consolación para muchos hombres, pues permite soportar mejor las pruebas de la existencia humana, ayudándolos y alentándolos a avanzar en el sentido del bien, para ellos mismos y para los otros. La fe instaura entre el ser y Dios un estado de confianza y seguridad. Ella ilumina la existencia de un Depósito precioso oculto en el corazón del hombre. Justamente, en árabe, los términos fe *(îmân)*, seguridad *(amân)* y Depósito *(amâna)* tienen la misma raíz: *amn*.

Sin embargo, la fe no se adquiere automática y definitivamente por el simple hecho de haber heredado la tradición religiosa de nuestros padres. Es una energía o una luz que penetra en el ser y que puede salir de él en cada momento.

Ihsân, la excelencia

La finalidad de la vía islámica es la excelencia que corresponde a la tercera etapa del alma, el alma pacificada *(al-nafs al-mutma'inna)*. Esta alma llega a un estado de equilibrio perfecto; sufre menos perturbaciones y vive en paz. Su estado corresponde al de *ihsân*, al estado de excelencia. Sin embargo, los primeros círculos no son abolidos: la ley y la fe permanecen y la excelencia se vuelve el centro de ellas. Nada es suprimido sino que nuestra relación con la ley y con la fe se encuentra revivificada, pues, en lo sucesivo, comprendemos su sentido oculto y sutil. No es porque estemos en el estado de excelencia que el estado correspondiente a la ley se va a aniquilar; por el contrario, éste va a recubrir toda su densidad espiritual.

Así, el estado de excelencia pasa por la realización de diferentes etapas del alma humana. Este estado no tiene más necesidad ni del infierno ni del paraíso para ser realizado. La parábola de Râbi'a al-'Adawiyya, que pone en escena llevando en una mano un cubo de agua para alcanzar las llamas del infierno y en la otra un haz de leña para poner fuego al paraíso, toma de allí todo su sentido:[1] el estado de excelencia se encuentra en la unidad del ser, mas allá de las diferentes formas de dualismo en las cuales el espíritu humano se encierra. Mientras que la ley nos hace vivir en el temor de un castigo divino si desobedecemos, la fe reposa sobre la promesa de la obtención del estado paradisíaco o de salvación de todos aquellos que se conducen bien respecto de la religión. La fe nos alienta a hacer buenas acciones para que Dios nos recompense. Por el contrario, en el estado de excelencia, el alma pacificada se acerca a la unidad y vive en esta unidad. Ese estado de paz no conoce ni castigo ni recompensa, ni temor ni esperanza, se caracteriza por un desprendimiento total. El alma no vive más bajo el modo de la dualidad en una tensión interior incesante. Ella ha encontrado en sí misma un punto de equilibrio que la pone a igual distancia de todo.

No vayamos a creer que somos iguales a Dios por el hecho de que el alma permanece en un total desapego y no hace

---

1. *Véase* antes, pp. 81-82.

más que ser uno con el Todo. Si hacemos la experiencia de su presencia en nosotros, no somos por ello Él. Es por este motivo por lo que estos tres principios deben ir de acuerdo, para que el alma no pretenda, al volverse conocedora, sabia o santa, estar por encima de los hombres y de las leyes humanas y divinas.

La excelencia no se manifiesta sólo en la calidad relacional que el ser anuda con lo divino, es también en la calidad de las relaciones que mantiene un ser con los otros.

> Haz el bien igual que Dios lo hace contigo.
>
> Corán, XXVIII, 77

Este estado no resulta de las normas o de las leyes que rigen el aspecto exterior de una religión sino de una realidad vivida, una regla de vida inscrita en lo más profundo de la conciencia. El logro en sí de la excelencia nos rememora la dimensión esencialmente ética del Corán que jamás ha tenido por primera función legislar en todo sino aportar indicaciones sobre la manera de ennoblecer el carácter del hombre y fomentar las bellas acciones:

> Realizad obras buenas; Dios ama a aquellos que hacen el bien.
>
> Corán, II, 195

La tradición profética formula esta regla que rige la calidad de nuestras relaciones con nosotros y con los demás de la siguiente manera:

> Adora a Dios como si lo vieras, y si tú no lo ves, Él te ve.[2]

Aquel que alcanza el estado de excelencia está más allá de la fe, está en la visión, en la certeza absoluta. Hace la expe-

---

2. *Hadîth* del ángel Gabriel relatado por Bukhârî, Muslim, Abû Dâwûd, Tirmidhî et Nasâ'î.

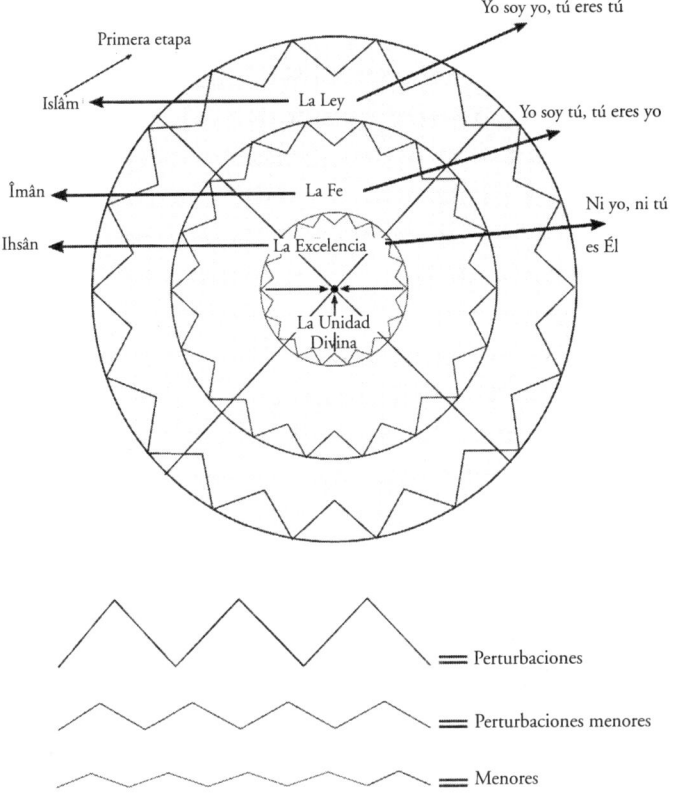

riencia de la beatitud de la cual hablan los santos y los sabios cuando ellos ya no están más prisioneros de sus velos.

Cuando el ego se apodera de la ley

La búsqueda de la excelencia implica otra relación con la ley que no se limita a un legalismo rutinario y restringido. Algunos creen que la religión es un catálogo de reglas y prohibiciones a partir de las cuales se puede juzgar infaliblemente a los hombres y al mundo: ésos terminan siempre por condenar todo aquí abajo y ver el mal por todos lados. Aquel que vive su fe de esta manera permanece en un estado de sufrimiento terrible. ¿No es éste el caso de la mayoría de aquellos que invocan una religión cuando la practican sólo desde el punto de vista de la ley?

De hecho, no es solamente la ley religiosa la que puede ser utilizada como herramienta de dominación y una ideología belicosa, las leyes de los sistemas políticos pueden serlo también, no lo olvidemos. Hoy, cuando una ley es votada por una asamblea compuesta por una mayoría política, la ley ciertamente se inclinará del lado de los intereses de ésta. A menudo el hombre utiliza la legislación en el interés de su partido, raramente en provecho del bien común; es un hecho que merece ser destacado. Aun si es cierto que los regímenes democráticos contemporáneos han sido instaurados con la firme voluntad de prevenir a la sociedad contra toda forma de opresión, gracias a la separación de los poderes y a un conjunto de contrapoderes, no están exentos de todas las tentaciones insidiosas que hace nacer en los profesionales de la política el ejercicio de poder.

Mientras que las leyes políticas sirven generalmente a los intereses de un grupo, las leyes divinas, en su origen, se dirigen indistintamente a todos sin privilegiar a una comunidad con respecto de otra; ellas no resultan de ninguna toma de posición previa en razón misma de su esencia universal.

En su origen, el mensaje transmitido por la ley divina es a la vez simple y desprovisto de toda alteración. Luego, progresivamente, los hombres a través de sus polémicas, sus juegos de poder y sus rivalidades van a desnaturalizar su pureza original. Nuevas corrientes religiosas van a nacer y a disputarse, cada una en su turno, la verdad del mensaje. Terminamos por olvidar que, inicialmente, la religión era una y fiel al mensaje primordial, no se dirigía entonces a una comunidad precisa, sino al hombre en general. Es lo que expresa el sufí Mansûr al-Hallâj en este extracto de su *Diwân*:

Reflexioné sobre las denominaciones confesionales, haciendo esfuerzo para comprenderlas, y las considero como un Principio único con numerosas ramificaciones. Por lo tanto, no pidas a un hombre adoptar tal denominación confesional, pues eso lo desviaría del Principio fundamental, y es ciertamente el Principio mismo que debe venir a buscarlo, Él en quien se dilucidan todas las grandezas y todas las significaciones; el hombre, entonces, comprenderá.[3]

Mediremos hasta qué punto estamos alejados del espíritu universal de la religión primordial que transmite el Islam. Actualmente no es posible hablar, por ejemplo, de la *sharî'a*, sin que ello evoque enseguida, tanto para los musulmanes como para los que no son musulmanes, un código penal o un sistema jurídico complejo y riguroso que encuentra su justificación en la revelación coránica. Mientras que esa concepción de la ley divina ha hecho su irrupción recientemente en los discursos islamistas, tenemos la impresión de que emana directamente de Dios y que ha sido comprendida en esos términos desde el advenimiento del Islam. Sin embargo, no es el caso, aunque se trate sin ninguna duda de un término coránico. Desde un punto de vista etimológico, el término *sharî'a* deriva del verbo *shara'a* que significa el hecho de «ponerse en camino para ir a buscar agua». Por extensión, *sharî'a* viene a designar el camino a recorrer para llegar al fin y así: una vía ancha.[4] Las diferentes traducciones que se han hecho del Corán nos remiten siempre a la misma idea, aquella de una vía trazada que nos lleva a Dios. Vemos que eso no tiene nada que ver con la idea de una norma o de una ley dictando la manera de vivir la fe. En lugar de ser restrictiva y normativa, la ley le permite al ser ampliar

---

[3]. Citado por Eva de Vitray-Meyerovitch, *Anthologie du soufisme*. Albin Michel, 1995, p. 264.
[4]. Dr. al-Ajamî, *Que dit vraiment le Coran*, Srbs, 2008, p. 74.

su manera de ver, de vivir la relación con la religión y con su prójimo, mientras hace su camino.

Las múltiples intervenciones humanas han terminado por desnaturalizar el sentido primero de la *sharî'a*, cada una quedándose en su propia innovación, apoyándose en doctrinas jurídicas y teológicas prontamente estudiadas en escuelas y defendidas por sus sectarios. En la ortodoxia sunita, existen cuatro escuelas fundamentales y en el chiismo, una multitud: ismaelitas, duodecimanos, sirios alauitas, zayditas del Yemen, etc., todas esas escuelas dieron nacimiento a otras tantas maneras diferentes de pensar y vivir la *sharî'a*.

Hoy tenemos otra categoría: los islamistas que reinventan algunos aspectos de la ley para darle un sentido que ella no tiene. Muchos musulmanes están sorprendidos por lo que dicen los islamistas, pues eso no procede de la tradición y ningún escrito puede justificar sus innovaciones. Por ejemplo, decretan que alguien no es un verdadero musulmán por el hecho de que no aplica literalmente la visión estrecha de la *sharî'a*. Pero sus discursos dan una impresión de ser completamente modernos. Todo esto dicho para significar que aun la ley divina puede ser instrumentada con malos fines por los hombres y desviada de su verdadera finalidad universal.

La subversión islamista

Para comprender en qué consiste la subversión islamista, es importante distinguir bien la ley humana –sea política o religiosa–, que resulta de una innovación o de una convención realizada para favorecer los intereses de un partido o de una escuela, y la ley divina universal inscrita en la conciencia, en el corazón de cada ser humano.

Las leyes instituidas por las diferentes escuelas surgen de una interpretación propia de cada una de ellas, sin volver a poner en cuestión el espíritu de recomendaciones claramente enunciadas a todos por el Corán. Podemos decir otro tanto de las interpretaciones que dan los islamistas cuando subvierten los principios fundamentales de su religión. Estos últimos ven en la fe el primer principio; en la ley el segundo; en cuanto a la excelencia, muy raramente hablan de ella. Por eso podemos decir que ellos invierten insidiosamente el proceso de encaminamiento espiritual. Mientras que un *hadîth* dice que «La religión está basada sobre tres cosas: la ley, la fe, la excelencia», ellos profesan por su parte que la religión está fundada en primer lugar sobre la fe.

Pero ¿de qué «fe» se trata? ¿Podemos todavía hablar de fe si el ser se somete de manera ciega a las reglas y las creencias que le suprimen toda capacidad personal de juicio y discernimiento? Se comprende qué interés hay para algunos de favorecer el desvío de la fe suscitando en el creyente el miedo a la transgresión y la culpa. Siempre es más fácil tener poder sobre una persona si se le impide reflexionar por sí misma imponiéndole una y otra vez que un buen creyente debe obedecer a Dios so pena de merecer un castigo terrible. La razón ya no interviene puesto que es suficiente referirse a lo que Dios le ha dicho por intermedio de la revelación coránica. Y, sin embargo, numerosos son los versículos del libro sagrado en los que el lector es invitado a realizar un esfuerzo de reflexión personal y análisis crítico:

> Este es un libro bendito que nosotros te hemos revelado para que los hombres reflexionen sobre sus versículos, y se apliquen en ellos su inteligencia.
>
> Corán, XXXVIII, 29

> ... hay verdaderamente signos
> Para aquellos que están dotados de inteligencia,
> Para aquellos que recuerdan a Dios, parados, sentados o acostados
> Y que meditan sobre la creación de los cielos y la tierra.
>
> Corán, III, 190-191

Si es tan importante para los islamistas mantener a la gente en una fe vacía de todo sentido crítico, es para impedir toda reflexión y todo diálogo con aquellos que viven y piensan de una forma diferente de ellos. El ser está colocado así en tal sistema de creencias que no puede ejercer libremente su juicio sin temer romper un tabú o pasar por un «incrédulo» a los ojos de su comunidad. En ese caso, ¿podemos nosotros aún hablar de fe?

Las desviaciones de la creencia

La «fe» de la cual hablan los islamistas señala, en realidad, la creencia y no la fe, en el sentido en que la tradición la define. Ésta es una energía que nos pone en un estado de certeza interior en cuanto a la realidad de una presencia divina en nuestras vidas y en la creación, sin excluir jamás hacer la experiencia de la duda. Esta energía penetra en el corazón bajo la forma de luz e instala una relación de confianza entre el ser y su principio divino. Por el contrario, la creencia se refiere principalmente a una convicción personal irreflexiva resultante de un condicionamiento psicológico y cultural del cual se derivarán toda suerte de prejuicios. La creencia y la fe no pueden ser colocadas en el mismo plano. En la creencia, el espíritu se adhiere a un dogma o a prácticas religiosas sin comprender su sentido, simplemente porque es un hábito o una costumbre, mientras que en la fe, él hace libre y personalmente la experiencia de esta presencia divina que cambia interiormente todo su ser. También, el ser humano puede tener todo tipo de creencias irracionales sin haber experimentado jamás una fe auténtica.

Los psiquiatras, los psicólogos o aun los psicoanalistas encuentran a menudo pacientes que tienen comportamientos obsesivos que responden a una estructura mental estereotipada. Aquellos que se ensañan en imponer a los otros leyes siempre más numerosas y complicadas, como aquellos que tienen necesidad de recurrir sin cesar a reglas rígidas para saber lo que deben hacer, ambos muestran esta patología. No son aptos para decidir por sí mismos, les falta un soporte legal, muletas, en todo lo que emprenden, hasta en las cosas más fútiles de la vida cotidiana. Se preguntan sin cesar sobre lo que está autorizado *(halâl)* o prohibido *(harâm)* por la religión musulmana. Sucede, por ejemplo, que algunas personas se preguntan si pasar de largo en un semáforo en rojo es lícito o ilícito para la religión. No se le ocurriría decirse que es ilícito en la consideración de las leyes de la República. Está prohibido por el código, eso es todo. La religión no tiene por función legislar sobre todos los aspectos de la vida pública y privada. Ese comportamiento no es propio del Islam, lo encontramos bajo modalidades diferentes en otras religiones, así como en las sociedades humanas cuando ellas se dejan ganar por el legalismo y el espíritu pleitista.

Esta anécdota que se presta a la sonrisa subraya las aberraciones en las cuales los individuos se embrollan desde que adhieren a un sistema tal de creencia. No siempre tenemos idea hasta qué punto la religión, vaciada de su mensaje espiritual, puede paralizar el pensamiento y dar forma al ser cuando está condicionado por la santurronería y el legalismo. Tal comportamiento viene a destruir la esencia misma de lo sagrado y de la propia religión. El segundo califa del Islam, 'Umar Ibn al-Khattâb, declaró:

> Mientras vivía el Enviado de Dios, los hombres eran juzgados por la Revelación. Pero habiendo tenido fin la Revelación, en adelante vosotros seréis juzgados según vuestro comportamiento.

Es, además, una aberración proclamar que el libro sagrado de los musulmanes es su constitución como si llevara en su seno una teoría política legitimando el advenimiento de una teocracia islámica. Nunca, ni el Profeta, ni los califas que lo sucedieron inmediatamente, ni siquiera los que vinieron después de ellos, han hecho del Corán una constitución política. Esta idea continúa, a pesar de todo, haciendo su camino tanto en el mundo musulmán como en el mundo no musulmán, dando razón a una y otra parte a un comportamiento desconfiado y de hostilidad generalizado. No es vano recordar que el Corán no ha instituido modelo político alguno; estipula, por el contrario, una separación entre la autoridad espiritual y el poder temporal:

> Vosotros que creéis, obedeced a Dios y a su Profeta y a aquellos de vosotros que tengan autoridad...
>
> Corán, IV, 59

Por otra parte, no se encuentra ninguna indicación en las palabras del Profeta ni en el Corán de una teoría política, por el contrario, esas fuentes han indicado el principio de una consulta al pueblo: *shûrâ*, que prefigura el funcionamiento de un régimen democrático:

> Aquellos que responden a su Señor; aquellos que hacen la oración; aquellos que deliberan entre sí sobre sus asuntos...
>
> Corán, XLII, 38

Una orden coránica terminante invita al mismo Profeta a consultar a los suyos sobre todos los temas que les preocupan:

> Consúltales en las decisiones...
>
> Corán, III, 159

No confundir el fin con los medios

¿Por qué hemos llegado a tal situación? Simplemente porque el término *islâm*, en el sentido de ley, terminó por designar indistintamente los tres principios (la ley, la fe, la excelencia) y por dar su nombre a esta nueva religión revelada. Así, el *islâm*, que en el origen era para un ser solamente el medio para delimitar el camino que lleva a la excelencia y, en consecuencia, a la sumisión a la Voluntad divina, ha llegado a hacerse pasar por el fin último.

La confusión entre el *islâm* en tanto que religión revelada y el *islâm* en tanto ley continúa perpetuándose después de quince siglos; tiene, ciertamente, una significación oculta. El Profeta designó a la religión de la cual él era el Enviado por el término de *islâm*, dejándonos frente a una ambigüedad que tiene principalmente por efecto hacernos reflexionar sobre su razón de ser. Cualquiera que sea ello, la religión islámica descansa sobre tres principios que han sido enseñados y transmitidos así por el Profeta a sus compañeros y a sus allegados.

Los musulmanes, y principalmente las jóvenes generaciones, no tienen una justa comprensión de su tradición. Para la mayor parte de ellos, existe sólo la ley y eso es todo. Sin quererlo, han favorecido esta confusión en los espíritus insistiendo en designar a su religión –*dîn* en árabe– por la palabra *islâm*, olvidando por ese hecho que se trata solamente del primer principio. La religión islámica se ha vuelto únicamente la religión de la ley, cuando es esencialmente un estado del ser. Eso significa que no podemos ser de confesión musulmana sin estar sometidos a la Voluntad divina, sin ser *muslim*.

Destaquemos que también las otras culturas o religiones han favorecido indirectamente el uso de ese término. En efecto, no hace mucho tiempo, era frecuente en Occidente utilizar la palabra «mahometanos» para designar a aquellos que siguen los preceptos de la religión islámica. Es una deformación muy lejana que se explica por el hecho de que es históricamente la última de las religiones monoteístas. Los no musulmanes, en concreto los cristianos, la han nombrado en función del que la trajo, el Profeta Mohammed. Para poner el acento en la universalidad del Islam y evitar toda confusión y asociación entre la revelación coránica y el Profeta, los musulmanes terminaron por adoptar la denominación de Islam.

El Islam está siempre comprendido en la continuidad del mensaje abrahámico, del judaísmo y del cristianismo. El Corán lo afirma claramente:

> Aquellos que creen, aquellos que practican el judaísmo, aquellos que son cristianos o sabeos, aquellos que creen en Dios y en el último día, aquellos que hacen el bien: tendrán su recompensa ante su Señor. No tendrán ningún temor y no se entristecerán.
>
> Corán, II, 62

En el Corán, Abraham introduce el término *muslim* para designar su sumisión a un solo Dios:

> Me someto a Dios, el Señor del universo.
>
> Corán, II, 131

En consecuencia, aun antes de la llegada del Islam, Abraham era *muslim*. Ser «musulmán» es vivir en la religión de Dios *(dîn Allâh)*, y su religión es Una. Podemos decir que aquel que no nació en el Islam, y que es de otra confesión, puede ser calificado interiormente de «musulmán» desde que busca hacer la voluntad de Dios.

> Di:
>
> Creemos en Dios; en lo que ha sido revelado; en lo que ha sido revelado a Abraham, a Ismael, a Isaac, a Jacob y a las tribus; en lo que ha sido dado a Moisés, a Jesús, a los

profetas, procedente de su Señor. No hacemos distinciones entre ninguno de ellos; estamos sometidos a Dios.

Corán, II, 136

La instrumentación política del Islam, que tiene por efecto exacerbar las identidades religiosas y culturales, oculta el mensaje profundamente tolerante y universalista del Corán. El terrorismo islamista y las guerras en el Medio Oriente contribuyen a transmitir solapadamente, por los medios de comunicación, una imagen negativa de esta tradición. El desconocimiento de su mensaje espiritual original hace que el Islam sea todavía percibido por el mundo como una religión hostil al judaísmo, al cristianismo y a las otras religiones. Los dirigentes políticos y los intelectuales en los países occidentales tienen igualmente una parte de responsabilidad en la confusión que reina en la opinión pública entre el Islam y el islamismo cuando dejan planear la idea, en un futuro próximo, de un «choque de civilizaciones». Pero ¿se puede decir que los musulmanes hacen todo lo que está en su poder para clarificar la situación y diferenciarse de una vez por todas de aquellos que predican un Islam radical?

Vivir el Islam

Es urgente para los musulmanes reconciliarse con la sabiduría eterna de su mensaje revelado. Lo es tanto más porque ellos tienen, de alguna manera, una deuda con Dios, como lo recuerda la etimología árabe del término religión, *dîn*. Ese es un punto importante a recordar, pues ello supone que les incumbe una responsabilidad particular en el destino de la humanidad. La deuda es, a la vez, con Dios y también con los hombres. Eso significa que la religión no es solamente lo que los religa a lo divino en un cara a cara silencioso y solitario o entre ellos en un repliegue comunitario, sino también es lo que los pone en relación tanto con el ateo como con el que no comparte la misma fe que ellos a fin de dialogar con él y comprenderlo. Esta deuda, que ha sido pactada ante Dios, se traduce también en la vida por una carencia que interpela al hombre permanentemente hasta que toma conciencia de una voluntad superior. Él es llevado, por las buenas o por las malas, a relegar su propia voluntad frente a la voluntad divina. Es raro que salga espontáneamente de sí mismo; y cuando está dispuesto a hacerlo, a menudo, lo hace sin discernimiento. Y, al no poder someterse realmente a la voluntad divina, terminará por remitirse sea a su voluntad de poder, sea a la voluntad de otro para lo mejor y para lo peor. Es lo que explica que haya habido siempre en la historia de la humanidad tiranos para acaparar el poder y autoproclamarse dioses vivientes y hombres prestos a adorarlos y a someterse a su voluntad.

Si la religión es una deuda, sería ilusorio creer que el hombre pueda ignorar su relación con lo divino. Vive en una falta permanente que busca llenar, con más o menos felicidad; eso es porque no puede evitar divinizar criaturas efímeras y limitadas. A falta de poder adorar al Verdadero, al Único, se inclina con arrogancia ante ídolos sustitutos. En el curso de su historia, los hombres han idolatrado a otros hombres, animales, estrellas, plantas, rocas y también otras cosas. Y hasta hoy, en diferentes planos, tenemos la necesidad de nuevos ídolos, empezando por nosotros mismos. En el secreto de nuestra intimidad, permanecemos idólatras, seamos o no concientes de ello. Entonces ¿«Aquellos que están sometidos» *(al-ladhîna aslamû)* a la voluntad de Dios existen verdaderamente?

9

La extinción en Dios

El primer grado de *fanâ'*

El sufí persa Junayd (siglo IX) definía el *fanâ'*, es decir, la extinción en Dios, en estos términos:

> No es una acción personal alcanzada por un servidor *('abd)* sino un grado espiritual. Es una Gracia y un Don que Dios entrega al servidor.

El estado de extinción no puede ser alcanzado por nosotros mismos puesto que surge de un don o de una gracia que sólo Dios puede otorgarnos de manera totalmente gratuita. Eso no significa que el novicio en la vía espiritual no haga ningún esfuerzo para perfeccionar sus cualidades y sus virtudes:

> El caminante rectifica sus disposiciones naturales y logra finalmente eliminar sus malos atributos: la ignorancia, la ingratitud, la injusticia, la envidia, la avaricia, la cólera, el orgullo, la vanidad.

Junayd en principio hace corresponder al *fanâ'* con la aniquilación del alma narcisista e imperiosa. Se trata de que el ser se separe de su naturaleza imperfecta y de sus atributos negativos gracias a un trabajo sobre sí mismo. Ése es el primer grado de extinción.

¿Cómo alcanzar la rectificación de sus disposiciones naturales, a eliminar sus atributos negativos para reemplazarlos o más bien trocarlos en cualidades positivas? Cuando evocamos las pasiones a las cuales el alma humana está sujeta (la ignorancia, la injusticia, la envidia o aun la avaricia), no se trata de condenar moralmente la naturaleza humana como si estuviese fatalmente corrompida, sino de mostrar que esos atributos que sentimos nos permiten saber en dónde estamos en nuestro encaminamiento interior y descubrir otra cara de nosotros mismos más oscura y desagradable. Lamentablemente tomamos conciencia de que los defectos y las debilidades que condenamos con apresuramiento en los otros, los llevamos también en nosotros.

En realidad, las pasiones negativas del alma sirven de revelador para saber lo que cada ser tiene necesidad de transformar en sí mismo para realizar su humanidad. Ellas nos pueden, a pesar nuestro, mostrar la cara oculta y oscura de nuestro ser que preferimos ignorar. Es identificándolas y buscando comprender su origen que aprendemos a conocernos y a reflexionar sobre el medio de liberarnos de esos estados negativos que turban nuestra alma. En efecto, ser conscientes de los propios temores y pasiones destructivas permite a cada uno de nosotros hacer frente con toda lucidez a esta parte de uno mismo de la manera más positiva. ¿Lo contrario de la cólera, no es un alma pacificada? Es en la misma medida en que hemos experimentado la cólera que podemos descubrir, en nosotros, la realidad de lo que es la paz. Después que el ser ha recorrido la totalidad de las cualidades y defectos que lleva en sí, él está predispuesto para recibir esta gracia divina que es el *fanâ'*.

Aquellos que niegan la realidad de este estado o lo comprenden mal han reprochado siempre a los sufís hablar sobre ello, y además buscarlo. Esto podría ir más lejos que simples reproches. El sufí Mansur al-Hallâj paga con su vida el hecho de haber cometido un acto sacrílego en la consideración de los doctores de la ley cuando profiere públicamente: «Yo soy la Verdad» *(Anâ'l-Haqq)*.

¿No hay un riesgo de tomar por igual a Dios desde que nuestra individualidad o nuestra personalidad está completamente aniquilada en el océano del amor divino? ¿No debe temer una desestabilización completa del ser al punto de hacer de nosotros «locos de Dios»? Es para remediar tal peligro que Junayd recomienda al caminante pasar sucesivamente por los tres grados del *fanâ'*:

> Hay tres grados de *fanâ'*: el primero es el de la extinción de los atributos individuales, disposiciones de carácter y tendencias naturales en el cumplimiento de toda acción.

El primer grado *(fanâ' al-'uyûb)* reside, según Junayd, en la extinción de los atributos individuales negativos; es decir, se trata de liberarse de la tiranía del ego narcisista. Esta liberación produce la conversión del alma humana hacia el aspecto divino y sagrado del ser. Este proceso tiene por nombre «La Gran Guerra» *(al-jihâd al-akbar)*. Pues aquí se trata de purgar al alma de su perversidad y de guardar en sí las cualidades esenciales que cimientan y legitiman esa noción de *kalîfa*, de lugarteniente de Dios. Todo el potencial contenido en nuestras cualidades negativas va a alimentar y reforzar nuestras cualidades positivas. ¿Qué es lo negativo en mí, y dónde se encuentra? ¿En mis pensamientos, en mis acciones, en mi relación con el prójimo? Identificar en nosotros lo negativo para reconocerlo en nuestras acciones y nuestras palabras permite convertirlos en una realidad positiva: la injusticia puede, por ejemplo, devenir justicia y la cólera, paz. Sin embargo, la descripción que Junayd da del primer grado de *fanâ'* plantea un problema espinoso. ¿Cómo es posible para el ser humano liberarse de una tendencia innata? Es natural entrar en cólera si somos agredidos, es una reacción espontánea, y a veces saludable. No podemos hacer como si fuésemos únicamente seres desencarnados desprovistos de funciones vitales comunes a todos los seres vivientes. Sobre este punto, la enseñanza del Sheij al-'Alâwî[1] recuerda sin ambigüedad los orígenes animales, vegetales y minerales del hombre. En ese caso ¿cómo es posible alcanzar la liberación del *fanâ'* si existen pulsiones ya inscritas en nuestra naturaleza humana? ¿No somos llevados a no reconocer la presencia de un movimiento autónomo en el alma que nos vuelve libres y plenamente responsables de nuestras acciones y pensamientos? Es al menos lo que dejan entender estos versículos del Corán:

> Por el alma y quien la modeló de manera equilibrada, y le infundió su propensión al pecado tanto como su temor a Dios. Ha triunfado aquel que la purifica, y fracasó el que la corrompe.
>
> Corán, XCI, 7-10

> [...] Vosotros sois responsables de vosotros mismos [...] Y vosotros retornaréis a Dios que os informará entonces sobre lo que hicisteis.
>
> Corán, V, 105

El segundo grado de *fanâ'*

El segundo grado de *fanâ'* corresponde a la extinción de la satisfacción que resulta de la transformación del alma.

---

1. *Recherches philosophiques, op. cit.*, p. 15.

Se trata de luchar contra el sentimiento de suficiencia que puede sentir el novicio del camino espiritual frente a las cualidades positivas que pudo adquirir por sus propios esfuerzos. Es muy difícil no sentir una profunda satisfacción personal cuando conseguimos triunfar sobre nuestras debilidades y oscuridades.

La extinción de la autosatisfacción es conformar sobre el plano espiritual lo que el Ser divino espera de nosotros, es decir, que nosotros reencontremos nuestra naturaleza original, la *fitra*, a fin de no consagrarse más que a Él sin que nada venga a perturbar la relación del ser con lo divino.

Los Evangelios nos relatan una parábola de Jesús que revela ser edificante para nuestro propósito. A Jesús opone la actitud legalista del fariseo que se cree por encima de las tentaciones humanas a la del publicano marcado de humildad:

> Jesús dice entonces al dirigirse a algunos que se halagaban de ser justos y habían despreciado a los otros, esta parábola: «Dos hombres entraron al templo para rezar; uno era un fariseo y el otro un publicano. El fariseo, parado, rezaba así: "Dios mío, te doy gracias por no ser como los demás hombres, que son rapaces, injustos, adúlteros, o más aún como ese publicano; ayuno dos veces por semana, doy limosna de todo lo que adquiero". El publicano que se mantenía a distancia no atreviéndose siquiera levantar los ojos al cielo, se golpeaba el pecho diciendo: "Dios mío, ten piedad del pecador que soy"».
> Les dije: sobre este último descendió la disculpa, sobre el otro no. Pues todo hombre que se eleva será rebajado, mientras que el que se rebaje será elevado.
>
> Lucas, XVIII, 9-14

El contentamiento de uno mismo está considerado aquí como un obstáculo en el proceso de extinción, pues nuestra relación con lo divino está velada y alterada por un narcisismo más sutil, atándose a la contemplación de las virtudes del alma.

El tercer grado de *fanâ'*

Junayd distingue un tercer grado de *fanâ'* que corresponde al encaminamiento progresivo de la conciencia individual hacia la conciencia divina pasando por la conciencia colectiva.

> El tercer grado de *fanâ'* es el de tu conciencia, grado último. Se produce bajo el efecto de la acción victoriosa de la Presencia del Ser divino.

Este tercer grado no surge del entendimiento humano; se puede decir que es del orden del milagro. Sin embargo, esta posibilidad, esta disposición, existe en todo ser humano. Algunas personas alcanzan ese estado sin que, nosotros mismos, podamos conocerlas o reconocerlas en tanto que santos. Puede que hayamos encontrado ya a tales seres, a quienes nada los distingue aparentemente de los otros, que llevan una vida ordinaria y que, sin embargo, han realizado plenamente esa conciencia divina.

Ese estado final de *fanâ'* es el de los Profetas, el de los Mensajeros y el de algunos Sabios que han alcanzado la extinción de la conciencia individual para llegar a esta conciencia del Ser divino que actúa a través de ellos. Ellos devienen, entonces, un canal por el cual cumplen la voluntad divina. En la tradición, ese estado está considerado como la finalidad de la finalidad, la extinción de la extinción *(fanâ' al-fanâ')*. Es en ella que el caminante cumple la realización espiritual, la cual produce entonces una transmutación total de su ser. La tradición profética lo evoca en estos términos:

> ¡Morid antes de morir!

El Ser divino se manifiesta en lo sucesivo a través de los sentidos del ser realizado. La extinción espiritual se acompaña así del despertar de facultades sensitivas. Aquel que alcanza este grado de realización experimenta aquello que describe ese famoso *hadîth* del Profeta relatado por Abû Hurayra:

> Mi adorador no deja de aproximarse a mí por obras supererogatorias hasta que Yo lo amo. Y cuando lo amo, soy el oído por el cual escucha, el ojo por el cual ve, la mano por la cual coge y el pie con el cual camina. Si me invoca, lo satisfago, y si se refugia en mí, lo protejo.[2]

Pero ¿por qué aproximarse a Dios por acciones supererogatorias? Eso no es en vista del interés por atraer favores divinos, sino que es una manera de afirmar la libertad individual de cada uno en su relación con lo divino. Cada uno es libre de hacer su propia experiencia de lo divino. Las acciones supererogatorias son aquellas que no son obligatorias sino que son efectuadas porque nosotros lo deseamos. Dios no nos obliga a descubrirlo, ni a vivirlo, ni a aproximarnos a Él. Esta libertad es dada a cada ser, en las acciones diarias y siendo plenamente concientes. En todo lo que hacemos, debemos rememorar esta noción del aspecto divino, aun en el acto más ínfimo de la vida cotidiana, porque todo puede aproximarnos a Él, comenzando por nuestros sentidos que son los medios, más directos y más simples para despertar a lo Divino.

Esta libertad divina no es teórica, se inscribe en los hechos, se cumple en aquel que efectúa la conversión de sus sentidos. La presencia divina se encarna a través de nuestras propias percepciones, nuestras propias acciones. Siempre es bueno recordarlo porque a menudo vemos lo Divino como una realidad lejana e inaccesible. Pensamos que aquellos

---

2. *Hadîth qudsî* (*véase* pp. 19 y 99).

que la viven son personas realizadas que no tienen nada en común con nosotros. Sin embargo, lo Divino está muy próximo, podemos sentir permanentemente la presencia a través de nuestra sensibilidad, a través de los deseos del alma. También, el Sheij al-'Alâwî nos invita en sus *Sabidurías* a buscarlo en ninguna parte más que en nosotros:

> El que busca a Dios a través de otra cosa que sí mismo no alcanzará jamás a Dios.

El reencuentro espiritual

¿Cómo realizar esta transformación del ser? ¿Hay que unirse a un maestro para hacer la experiencia de la extinción? Por una parte, debemos tener en cuenta la naturaleza humana tal como se nos presenta y, por otra, lo que la enseñanza espiritual le puede aportar para mejorar. En el sufismo, el encuentro con el Maestro *(Sheij)* toma la forma de un injerto espiritual. La terminología sufí designa esta operación por el término árabe *talqîn*. Para el injerto del árbol, esta palabra se escribe con una «m» final *(mîm)* y se la pronuncia *talqîm*. El representante vivo de la tradición está allí para realizar en el discípulo un injerto a la manera de un jardinero que injerta plantas salvajes para que den mejores frutos. El jardinero sabe que los árboles abandonados se vuelven naturalmente salvajes. Una mano experta es necesaria para conseguir que ellos den buenos frutos. Si tomamos el ejemplo de los cerezos injertados, ellos producen cerezas más carnosas, dulces y sabrosas que los cerezos salvajes, produciendo estos últimos cerezas mucho más pequeñas y ácidas. Sin embargo, en los dos casos, se trata del mismo fruto pero de calidad diferente.

El injerto es una operación de corazón a corazón por la cual el Maestro transmite a su discípulo un influjo espiritual. Éste le es comunicado por la iniciación, a través de la presencia física del garante de la cadena iniciática:

> Los que te han jurado fidelidad se la han jurado en realidad a Dios. La mano de Dios estaba sobre sus manos.
>
> Corán, XLVIII, 10

No es un trámite teórico, es un acto concreto que pasa en principio por los sentidos, después por la razón y finalmente por un vínculo espiritual que se manifestará por efectos físicos y sutiles sobre el caminante. Aquel que tiene la pesada responsabilidad de guiar puede decidir profundizar el *talqîn* dando individualmente al novicio de la vía una enseñanza espiritual o un Nombre divino para repetir. Se trata en este último caso del *dhikr*, el recuerdo de Dios. Dicho esto, el injerto espiritual puede realizarse de distinto modo: por la transmisión del Nombre supremo del Maestro a su discípulo.

Desde el momento en que una escuela o una tradición pierden esta práctica del *talqîn*, la transmisión y la enseñanza se encuentran profundamente alteradas. Hoy la noción de injerto espiritual se ha vuelto difícilmente comprensible en el mundo religioso, mientras que su pérdida compromete un proceso de extinción del mensaje original revelado. Estamos alejados de este injerto ¡Pero a qué precio!

Las cadenas de transmisión

Precisemos que el Sheij tiene por función perpetuar el contenido inmemorial de la tradición y de transmitir, a su turno, lo que le ha sido dado. Lo que es enseñado no viene de él, él no es más que un canal. Nadie puede apropiarse de una sabiduría que es, por definición, universal y eterna. La tradición espiritual no se interrumpe por la muerte de aquel que era el depositario, continúa transmitiéndose a través de sus sucesores:

> Oh, Mensajero, transmite lo que te ha descendido de tu Señor. Si tú no lo haces del todo, entonces no habrás transmitido su mensaje.
>
> Corán, V, 67

La transmisión es una de las obligaciones de la vía sufí. Las cadenas iniciáticas cumplen una función fundamental en la tradición interior del Islam.[3] En el caso del Profeta, es el ángel Gabriel quien le transmitió la Revelación. Una vez que su misión terrestre terminó, se constituyeron cadenas de transmisión para perpetuar hasta nuestros días el mensaje divino. Lo que es transmitido a través de esas cadenas por los depositarios autentificados no tiene una forma determinada, pues la enseñanza no se hace por la razón sino «por tu Señor». Pero no todos somos Enviados de Dios investidos de una misión profética, en razón de nuestra condición humana no podemos prescindir de un encuentro, un vínculo físico con un depositario vivo de la tradición. La transmisión espiritual se desarrolla así desde siempre. La búsqueda de un guía espiritual y la posibilidad de encontrarlo forma parte de una experiencia humana que siempre ha existido, en cualquiera de las tradiciones. Como vivimos en un mundo fenoménico hecho de realidades contradictorias y no permanentes, tenemos necesidad de ser aconsejados, esclarecidos y enseñados por un ser que ya emprendió el viaje interior hacia la liberación para que nosotros la volvamos, a nuestro turno, operativa y más segura.

El encuentro del ángel Gabriel con María forma parte igualmente del injerto espiritual. Ello explica que Jesús haya nacido en ese estado tan particular. De la relación del ángel Gabriel con el Profeta nació el Corán; y de la relación de María y el ángel Gabriel nació el Verbo: Jesús, 'Isâ.

---

3. *Véase* capítulo 10.

Una palabra profética dice:

Es condenable toda persona que, habiendo recibido un saber, muere sin transmitirlo.

No transmitir a aquel que es capaz de recibir una enseñanza espiritual muestra una falta. Pero esta obligación no está solamente reservada al garante de la cadena de transmisión, incumbe también a cada uno de nosotros dentro de los límites de nuestras capacidades, para dar a conocer la riqueza de esta tradición. ¿Actualmente los musulmanes están comprometidos en la consideración de esta obligación?

Mantener una tradición viva

La cadena de transmisión es entonces una realidad espiritual fundamental tanto para el sufismo como para todas las tradiciones pero, en la actualidad, las religiones prácticamente no la tienen en cuenta. No podemos decir que el injerto espiritual haya desaparecido completamente... Sin embargo, en ciertas tradiciones, parecería que se perdió. La institución religiosa queda, la ley y los principios doctrinales también, pero la transmisión se vuelve inoperante. Por lo tanto, la tradición tiene la imagen de un árbol sin frutos y sin savia. Su misión temporal y espiritual parece terminada.

Hoy uno de los grandes males del mundo religioso, sea musulmán, cristiano o judío, es la pérdida de ese vínculo con lo divino. La religión se vuelve entonces una ideología transmitida de generación en generación y vaciada de lo que hacía de ella una espiritualidad viviente. Sin una conexión con el mensaje original, la religión deviene forzosamente sectaria y dogmática porque está obligada a evolucionar en el mundo de la manifestación, un mundo de oposiciones. La tradición pierde su vocación universal subsistiendo bajo el modo de la dualidad: el bien y el mal, lo verdadero y lo falso o incluso la creencia y la incredulidad.

Por eso nos hace falta encontrar en nosotros mismos ese Viviente respetando simultáneamente el sentido y la razón, y esta lectura de lo sutil debe ser hecha imperativamente por una intervención casi «quirúrgica», el *talqîn*, el injerto.

La función de los Cuarenta

La tradición profética refiere que cuarenta seres espirituales viven sobre la tierra ese estado calificado de abrahámico. Son los hombres y las mujeres que han vivido esta extinción suprema. Nadie dice quiénes son pero viven en el seno de la humanidad en ese estado de conciencia universal. Es por ellos y para ellos que la misericordia divina se encarna en el mundo manifestado, y que la vida se perpetúa siguiendo las generaciones tal como lo comenta el siguiente *hadîth*:

> La tierra nunca se ve privada de la presencia de cuarenta seres a la imagen del Amigo íntimo del Misericordioso (Abraham). Por ellos vosotros recibís subsistencia y victoria; cualquiera que de entre ellos muera, Dios lo reemplaza por un semejante.[4]

Ésos son los Cuarenta que mantienen viva el alma universal, expresión misma del estado del mundo. Son la conciencia de la humanidad en su grado más elevado. Esta alma universal tiene un corazón y este corazón es esta conciencia divina que difunde sobre la Tierra sus beneficios por intermedio de estos cuarenta seres realizados.

---

4. Referido por Tabarani según Anas Ibn Malik.

Atributos humanos y atributos divinos

El progreso en la vía espiritual consiste en transformar progresivamente las inclinaciones egocéntricas del alma en cualidades positivas y esperar, a continuación, alcanzar la elevación del estado de conciencia humana a la divina. Ese proceso de transformación espiritual que se traduce por el despertar de la conciencia se termina cuando el caminante encuentra la fuente de donde emana la Luz original, tal como lo describe el vérsiculo:

> Dios es la Luz de los cielos y la tierra. Su luz es como un nicho donde se encuentra una lámpara. La lámpara está dentro de un vidrio; y el vidrio es como una estrella brillante.
>
> Corán, XXIV, 35

El nicho simboliza el corazón humano; es entonces en él que reside la luz de la lámpara. Cuanto más limpio y transparente está el vidrio de la lámpara, más irradia el corazón del hombre alrededor de sí mismo la luz de la bondad. Él deviene a los ojos de los hombres un modelo encarnando aquí abajo nuestro origen divino. El ser humano está sobre la Tierra para testimoniar la presencia de lo divino en él y en su creación, y más, puesto que él cumple plenamente su misión solamente cuando acepta ser en ella el lugarteniente de Dios sobre la Tierra. El ser humano ha sido elegido por Dios, como lo recuerda el texto coránico, para cumplir esta función de *khalîfa*, y esto cualesquiera sean las artimañas por las cuales él podría ser acusado:

> Cuando tu Señor dijo a los ángeles: «voy a poner un lugarteniente sobre la Tierra». Dijeron: «¿Vas a poner en ella a quien extienda la corrupción y que derrame sangre

mientras que nosotros te glorificamos con la alabanza que te es debida y declaramos tu absoluta pureza?». El Señor dijo: «Yo sé lo que vosotros no sabéis».

Corán, II, 30

La función del ser humano es entonces la de representar a Dios y reemplazarlo en esta vida. El simple hecho de que el hombre exista es ya una prueba en sí misma de la Presencia Divina. Es en ese sentido que 'Ibn 'Arabi escribe:

> El ser humano reúne en sí la forma de Dios y la forma del universo. Él sólo revela la Esencia divina con todos sus nombres y atributos. Es el espejo por el cual Dios se muestra a sí mismo, y, por ello, la causa final de la creación. Nosotros somos los atributos por medio de los cuales representamos a Dios; nuestro ser es una objetivación del Ser divino. Lo mismo que Dios nos es necesario para que podamos existir, le somos necesarios a Dios, para que su esencia pueda ser manifestada.[5]

Estamos para testimoniar que Dios existe tanto por nuestras acciones meritorias como por nuestras locuras, por nuestro alejamiento como por nuestra proximidad. En realidad, lo que nosotros consideramos como atributos propiamente humanos no son más que atributos divinos en préstamo. El ser humano tiene tendencia a atribuirse cualidades como si fueran inherentes a su individualidad o el fruto de la sola voluntad personal, mientras que son esencialmente de origen divino y esas cualidades nos han sido gratuitamente otorgadas para que saquemos de ellas pleno provecho.

Puesto que la existencia temporal es relativa a los atributos divinos prestados y depende de un Ser más esencial que la suya, la revelación coránica le confiere al hombre como

---

[5]. Citado por Johan Cartigny. *Sheij al-'Alâwî. Documents et témoignages*. Les Amis de l'Islam, 1984, p. 50.

función representar a Dios sobre la Tierra. Si tomamos el nombre divino de Omnisciente *(Al 'Alîm)*, que significa el que posee la totalidad de los saberes, es también un atributo humano. Lo mismo puede decirse para los nombres de Sabio *(Al Hakîm)*, de Rey *(Al Malik)* y tantos otros que son atributos que, igualmente, pueden ser vividos por el ser humano pero nunca de manera absoluta, únicamente tomados en préstamo. Pues sólo Dios es Rey y Sabio en el Absoluto. En cuanto al hombre, no puede vivir los noventa y nueve atributos divinos sino de una manera relativa en su existencia temporal, excepción hecha del centésimo, obtenido por la extinción del ser en el océano divino. Dios, Él, los posee absolutamente a todos por toda la eternidad.

Para existir, tomamos en préstamo atributos divinos. Él nos hace un don para que podamos realizar y hacer fructificar plenamente nuestra existencia y, al mismo tiempo, testimoniar Su existencia. Así, cada vez que afirmamos nuestra existencia y la de la creación toda entera, afirmamos que «no hay divinidad salvo Dios». Sin esta afirmación de la Única realidad, ningún atributo divino podría ser actuante para el ser humano; éste haría la experiencia de la inexistencia de toda cosa.

Un retorno total hacia Dios

La extinción espiritual, el *fanâ*, no es otra cosa que ese estado de retorno total hacia Dios.

> Hacia Dios será vuestro retorno. Él tiene poder sobre todas las cosas.
>
> Corán, XI, 4

El que regresa voluntariamente a la fuente para vivir ese estado de extinción va al frente de un proceso evolutivo por el cual la humanidad entera pasará voluntariamente o a la fuerza. La tradición islámica recuerda que al ser humano le ha sido dado el poder contemplar su Rostro después de la muerte:

> Ese día habrá rostros resplandecientes en la contemplación de su Señor...
>
> Corán, LXXV, 22-23

¿Y qué es ver a Dios? Es permitir al alma humana retornar a sus orígenes divinos. Toda criatura, cualquiera sea la existencia llevada, terminará su recorrido para retornar a Él:

> Él da la vida y da la muerte y a Él volveréis.
>
> Corán, X, 56

El que se ha esforzado en cambiar su naturaleza transformando sus atributos negativos en atributos positivos prepara y apura el retorno hacia su última morada. Hoy constatamos, en nuestras sociedades modernas, el grado de desarrollo material que el ser humano es capaz de alcanzar cuando concentra todo su interés en el progreso de las ciencias y las técnicas. Si dispensara esa misma energía en estudiar las sabidurías tradicionales y en vivir plenamente su relación con lo divino, podría alcanzar un grado de realización espiritual inigualable.

Cuanto más avancemos en el proceso de extinción espiritual, más aumentará el grado de luz que somos capaces de soportar finalizando por aclarar todas las zonas de sombra engendradas por nuestra ignorancia. Es cuando el estado de conciencia accede a la última etapa, a esta «Luz sobre Luz» *(nûr 'alâ nûr)* (Corán, XXIV, 35), que nos volvemos enteramente esclarecidos e investidos por todo lo que hace de nosotros un Ser divino. Descubrimos el parentesco que existe entre nuestra naturaleza y el de la Divinidad. La atestación de fe musulmana no es solamente una fórmula ritual que marca la entrada al Islam, sino una realidad plenamente vivida. Tomamos conciencia simultáneamente de que no existe en nosotros ninguna zona de sombra.

Sin el despertar de la conciencia, ¿cómo habríamos podido trabajar sobre nosotros, saber lo que es justo o injusto, puro o impuro, bueno o malo, en nosotros mismos? Es gracias a su desarrollo que caminamos. Ésta desempeña el papel de guía supremo capaz de aclararnos en nuestra propia realización. Una vez que hemos llegado al estado donde esta Luz invade todo nuestro ser, nos apercibimos de que lo que creemos es «nuestra» conciencia individual no existe en realidad.

La imagen de la copa de cristal

A menudo la extinción en Dios se relaciona, a los ojos de los doctores de la ley, como una forma de locura con capacidad de subvertir la ortodoxia de la fe y extraviar a los creyentes. Por eso los sufís han sido frecuentemente objeto de críticas virulentas, estigmatizándolos como pobres errantes sobre la Tierra sin un fin definido, lo que no es absolutamente el caso.

Para volver comprensible la experiencia del *fanâ'*, los sufís toman una imagen simple, la de una copa de cristal muy puro en la cual se vertería agua o vino. El líquido y la copa no parecen ser más que uno, aunque el contenido sea diferente del continente. Pero hay tal afinidad entre la pureza de la copa y la limpidez del líquido que tenemos la impresión de una total transparencia, como si los dos elementos se fundieran completamente uno en el otro.

El estado de certeza

La extinción es una experiencia personal que se manifiesta en el curso de nuestra marcha por la manera en que tomamos conciencia de las realidades fenoménicas y espirituales. Ese estado de conciencia demanda cada vez más y más Luz hasta que sea imposible aclararse más, habiendo desaparecido toda sombra. En ese instante ya no subsiste ninguna duda más en nosotros. Es el estado de certeza.

Y adora a tu Señor hasta que te llegue el estado de certeza.

Corán, XV, 99

La ciencia de la certeza corresponde a una experiencia espiritual directa. Este conocimiento de la certeza se realiza en nosotros después de haber conocido la parte infernal de nuestro ser:

Si conocieras la ciencia de la certeza, verías aparecer la Hoguera, pero lo verías con el ojo de la certeza.

Corán, CII, 5

Llegamos al estado final de liberación una vez aclarada la zona de sombra que contiene nuestras dudas, nuestras desesperanzas, nuestras insuficiencias y nuestra agresividad; dicho de otra manera, todo lo que a partir de lo cual fabricamos nuestro propio infierno y el de los otros.

La ciencia *('ilm)* y el conocimiento *(ma'rifa)* implican un principio, un medio y un fin. De la misma manera que tenemos necesidad de dominar un conjunto de conocimientos técnicos para ejercer nuestra profesión, igualmente tenemos necesidad, en el dominio espiritual, de adquirir la ciencia de la certeza para caminar hasta la extinción en Dios. Por esta ciencia recobramos la fuente divina, la esencia de toda Verdad; en ese momento realizamos la experiencia extraordinaria de la felicidad.

El *fanâ'*: una experiencia humana universal

El retorno a la fuente y la experiencia de la felicidad son parte integrante del proceso de extinción espiritual. Reencontramos así nuestra naturaleza primordial en el estado final del camino, esta Esencia divina que cada uno lleva en sí mismo una vez que está totalmente liberado de sus temores y pasiones negativas.

La extinción se hace progresivamente, de etapa en etapa, para finalmente desembocar en un estado de liberación extraordinario. Ella opera una transformación de uno mismo consciente y voluntaria. Mientras que toda la educación habitualmente dada al ser humano no hace más que añadir velos suplementarios, la extinción invierte el proceso. Perdemos progresivamente todas nuestras ilusiones para reconstruir nuestra personalidad sobre nuevos principios y saberes. La idea de perder las ilusiones nos provoca a menudo temores irracionales. Y, sin embargo, es una forma de catarsis espiritual que pone fin a nuestro sufrimiento. El terapeuta tiene necesidad de vivir la extinción para comprender mejor en qué consiste la curación de las enfermedades del alma.

No podemos decir que la extinción sea el objeto de una transmisión, ella se evidencia mucho más como el otorgamiento de una gracia divina. Es la razón por la cual el mensaje mohammediano es llamado «la Revelación». El sufismo es una vía extraordinaria de esperanza en la cual el hombre se compromete por una decisión libre y voluntaria. Aun aquel que no está en esta vía se puede beneficiar. Los sufís nos han transmitido desde hace siglos esta maravillosa herencia, que siempre han puesto al alcance de todos, tanto del sufí como del que no lo es. Esta tradición es universal, cada uno puede heredarla sin necesidad de ser sufí. Es un camino abierto a todos que exige un esfuerzo de uno mismo. La misericordia de Dios y sus beneficios que de ella derivan son indistintamente para todas sus criaturas.

10

Reencontrar el alma de la civilización musulmana

El *isnâd*, la cadena de transmisión

En el Islam es común conocer y dar las fuentes precisas y las referencias que se utilizaron durante un discurso oral o escrito. La tradición islámica recomienda ilustrar cada vez su pensamiento con citas autentificadas. Antes no existía esta práctica en la escritura, ni entre los judíos ni entre los cristianos. Los musulmanes van a ser los primeros en informar sistemáticamente las fuentes por las cuales detentan sus conocimientos. Esto explica que a veces se remonten muy lejos en la cadena de transmisión *(isnâd)* o la cadena de los garantes. El *isnâd* permite de esta manera garantizar la transmisión de la Revelación de una generación a otra y la fidelidad al texto coránico.

Esto va a constituirse como una ciencia completa teniendo su propia metodología. Es importante recordarla para comprender cómo la tradición islámica tomó forma y se transmitió hasta nuestros días. ¿Qué hacían los primeros teólogos del Islam? Se remontaban a la fuente *(al marja')*, principalmente constituida por el mensaje revelado y las palabras autentificadas del Profeta, y aplicaban el razonamiento *(ra'y)* como así también el consejo del Corán:

> Él es quien da la vida y la muerte; y la alternancia de la noche y el día dependen de Él. ¿No van a razonar entonces?
>
> Corán, XXIII, 80

En el caso en donde el sentido de un versículo del Corán no era evidente, los sabios musulmanes utilizaban el razonamiento para comprender mejor la significación. Todo ser humano, estando dotado de razón, puede dedicarse también a este estudio. Y es frecuente que el Corán interpele a la persona a la reflexión personal:

> ¿No reflexionan entonces?
>
> Corán, X, 3; VI, 50

> En efecto, hemos hecho el Corán fácil para la meditación. ¿Hay alguien para que lo reflexione?
>
> Corán, LIV, 17

El método no se limita a citar sus fuentes y a razonar a partir de éstas, se apoya también en la analogía *(al-quiyâs)* en caso de fracasar el razonamiento. Por ejemplo, podemos establecer correspondencias entre lo que pasó en tiempos del Profeta y lo que pasa actualmente en nuestra sociedad. La cuestión es saber si la analogía entre las dos épocas es pertinente y si permite resolver el problema.

Cuando no alcanza para responder a esas exigencias, la reflexión recurre entonces al consenso *(al-ijmâ')*. Se trata, en este caso, de discutir para ponerse de acuerdo sobre la apropiada respuesta a dar. Es un método de trabajo fecundo que no se limita al estudio religioso, puede abarcar todos los dominios del conocimiento humano, comprendidas también las cuestiones terapéuticas. El Islam instaló un método de búsqueda y reflexión de una gran coherencia y eficacia.

Si el consenso mismo se muestra sin resultado convincente, el método previsto finalmente es «el esfuerzo intelectual de interpretación» *(al ijtijâd)*. Hemos recordado aquí todas las etapas necesarias en el Islam para que el pensamiento llegue a una certeza con rigor y probidad. Lamentablemente, hoy no hay ningún Estado u organismo islámico que enseñe este método y lo aplique. Más aún, las autoridades políticas y religiosas del mundo musulmán dan la impresión de prohibirse el acceso a ese método.

Por otro lado, algunos historiadores del Islam dicen que el esfuerzo de interpretación está terminado desde el siglo X de la hégira. Dicho de otro modo, después de cuatro siglos el mundo musulmán vive sin el esfuerzo de interpretación. Mientras que el mayor florecimiento de la civilización musulmana se explica, en gran parte, por la aplicación de este método en el dominio del conocimiento, podemos hacer remontar su decadencia desde el momento en que los musulmanes se desviaron de él.

Guardemos bien en la memoria las diferentes etapas de este método: las fuentes, el papel de la razón, la analogía, el consenso de naturaleza democrática y, finalmente, el esfuerzo intelectual de interpretación que permite la autonomía del pensamiento. Si no encontramos en las fuentes lo que buscamos, tenemos siempre la capacidad y la posibilidad de razonar, pero a condición de que esta búsqueda sirva al interés general y que sea de utilidad pública, y no para provecho personal. Las diferentes etapas del método fueron empleadas con el fin de obrar para el bien de la sociedad y de todos. Es exactamente así que funcionaba el Islam en sus orígenes: había una decena de escuelas teológicas y jurídicas, y no como actualmente en el sunnismo solamente cuatro. Las personas iban de una escuela a otra sin ningún problema. Elegían la que juzgaban más apta para aportar una respuesta a las preguntas que se hacían. ¿Por qué se ha detenido este proceso en el mundo musulmán?

«El sol se levantará por Occidente»

Por mi parte, pienso sinceramente, que si la civilización islámica se quedaba sobre este dinamismo floreciente, los musulmanes habrían llegado a estar imbuidos de su superioridad y las otras civilizaciones habrían sido menospreciadas, o puestas bajo su dominación. Ahora, Dios ha querido esta diversidad de civilizaciones como el Corán lo afirma:

> Si Dios lo hubiera querido habría hecho de vosotros una sola y única comunidad; pero ha querido probaros para ver el uso que cada comunidad haría de lo que Él le ha dado. Rivalizad entonces en esfuerzos en el cumplimiento de las buenas obras, pues es hacia Dios que retornaréis, y entonces Él os aclarará el origen de vuestras discrepancias.

Corán, V, 48

Según mi apreciación personal, me sigo preguntando sobre las razones por las cuales el mundo musulmán interrumpió súbitamente su irradiación cultural. Es difícil, aun en nuestros días, comprender por qué ese esfuerzo de interpretación se detuvo repentinamente en los países musulmanes, mientras que en los países occidentales continuó, a pesar de las incertidumbres de su historia, a inscribirse en una búsqueda de una nueva comprensión y crítica de los textos sagrados. Sobre este tema, el Profeta dijo:

> El sol se elevará por el Occidente.

Sólo resta a los musulmanes recomenzar ese proceso tomando ejemplo de los investigadores occidentales y aportando su contribución a la realización de una humanidad apaciguada testimoniando la realidad de la Unicidad. Recordemos que el Corán (II, 142) dice claramente:

A Dios pertenece el Oriente y el Occidente.

Así, Dios no ha dado su preferencia por uno o por otro. Son nociones relativas: siempre somos el Oriente o el Occidente de otro. Sin embargo, cuando el Profeta afirma que «el sol se levantará por Occidente» hace alusión a una inversión cíclica completa cuyos signos más manifiestos serán visibles en Occidente. La humanidad va a vivir la conclusión de un ciclo que marcará el fin de un mundo y, de ese hecho, el advenimiento de uno nuevo. Pero esta inversión de la carrera del sol puede tener un sentido más alegórico que no contradice en nada su sentido más literal. La tradición sufí enseña que la humanidad vive conforme a eras, y que la alternancia de los ciclos durará hasta que el «sol se levante» simbólicamente en nosotros mismos. Esta inversión cíclica, que tendrá una repercusión cósmica, se traduce físicamente por la inversión de los polos magnéticos, y también va a producirse sobre el plano del alma humana. En sus *Écrits spirituels*,[1] el emir Abd el-Kader ve en ese signo el momento donde el espíritu «se devela y aparece en el lugar donde estaba escondido y oculto, es decir en el alma, la cual es el velo y el occidente del sol de la Realidad esencial».

Es así que el poniente deviene en levante y que el Occidente se vuelve Oriente. La renovación que conocerá la humanidad vendrá de ese cambio cíclico que se producirá sobre todos los planos de la manifestación. Un ser puede

---

1. Abd el-Kader, *Écrits spirituels*, Le Seuil, coll. «Points agesse», 1982, cap. 14, p. 80.

siempre vivirlo individualmente en cualquier momento de su vida pero, a nivel de la humanidad, existe una ley de ciclos cósmicos que efectúa naturalmente esta inversión. Sólo Dios sabe cuando tendrá lugar:

> Te preguntan acerca de la Hora, de cuando llegará. Di: Sólo mi Señor tiene conocimiento de ella. Y sólo Él, en su momento, la hará aparecer.
> Pesa en los cielos y en la tierra y no os llegará sino de repente.
> Te preguntan como si estuvieras al tanto de ella, di: Sólo Dios sabe de ella, sin embargo la mayor parte de los hombres no saben.
>
> Corán, VII, 187

A pesar de todos los contrapesos que dificultan a la civilización musulmana operar su propia mutación, es forzoso constatar que asistimos en Occidente a una dinámica extraordinaria alrededor del Islam que, esperamos, lo conducirá a un verdadero renacimiento.

El alma colectiva (*al-nafs al-kulliyya*)

A pesar de aquella disposición positiva alrededor del Islam y las expectativas extraordinarias que produce en el mundo, ¿qué hacemos nosotros hoy para tomar esta oportunidad? Estamos, de hecho, en vías de reaprender lo que es el Islam y lo que no es. ¿Es posible hablar hoy del Islam como de un bienestar para la humanidad mientras que a menudo se percibe desde un punto de vista muy diferente? Seamos razonables: ¿quién lo aceptaría? Sus propios hijos ya no lo viven como una espiritualidad, entonces ¿cómo podríamos nosotros querer imponerlo a los demás? ¿cómo podemos aún hablar de la misericordia del Islam cuando se ve el comportamiento de algunos como los talibanes?

Esto es aún más insoportable dado que ellos destruyen su propia memoria y borran las marcas de su propia civilización demoliendo las milenarias estatuas de Buda y saqueando el museo de Kabul donde estaban conservados objetos de un gran valor arqueológico. ¿Por qué los musulmanes que vivían anteriormente en esta región no los destruyeron antes? Recordemos también que las primeras y más bellas miniaturas islámicas son de origen afgano. Parecería que los artistas afganos hayan ignorado la existencia de una tradición iconoclasta en el Islam. Eso no les privó, al menos, de distinguirse en este arte y de hacer escuela; tenemos, gracias a ellos, una imagen del rostro del Profeta mientras que su reproducción está formalmente prohibida por algunos teólogos. Los afganos son los únicos en haber pintado el rostro del Profeta, de sus compañeros y del ángel Gabriel.

Afganistán es el país de Jalâl Eddine Rûmî. En efecto, es de allí que partió con su padre para recorrer el mundo. Bien entendido no podemos decir que el mensaje del Islam es responsable de eso, es necesario reconocer también la existencia de un alma colectiva (*al-nafs al-kukkiyya*) que hace que los musulmanes vivan su fe de esa manera. Era lo mismo para los cristianos en tiempos de la Inquisición. El mensaje cristiano no es el de excomulgar y quemar a todos aquellos que son sospechosos de herejía, ello no fue óbice para que la mayoría de los cristianos de esa época vivieran así su religión. Podemos multiplicar los ejemplos a través de la historia humana. El caso del nazismo se explica también por la existencia de un alma colectiva. Esta ideología ha sido, en un momento dado de la historia de Alemania, el reflejo de las oscuridades del alma colectiva alemana.

No debemos descuidar la existencia de un alma colectiva si queremos comprender bien los fenómenos que atraviesan una cultura o una civilización. Es urgente que los musulmanes tomen conciencia del estado de su alma colectiva. Se llega al caso en que musulmanes justifiquen las exacciones de los talibanes. Ellos argumentan que no son más que estatuas que han sido destruidas. Pero entonces ¿por qué los egipcios no han hecho lo mismo en su país? Es en Egipto donde se encuentra el mayor número de estatuas y monumentos del mundo. Hay entonces una reflexión colectiva para hacer en profundidad sobre este tema.

Una bomba de amor

En ocasión de dar una conferencia en una universidad tecnológica de un país musulmán, delante de un público de estudiantes de segundo y tercer año de ciencias, se me ocurrió preguntar a esos informáticos y físicos nucleares del mañana cómo imaginaban su futuro en la cuenca mediterránea. Un estudiante respondió entonces que había tomado la opción de estudiar física nuclear para construir una bomba atómica de una potencia sin igual para utilizarla contra Occidente. Eso da una idea del estado en que se encuentra el alma colectiva del mundo musulmán. ¡Ésos son futuros ingenieros! No nos queda más que esperar que no la haga. Es mejor decirse que él estaba de mal humor ese día y que no lo pensaba verdaderamente. Pero sorprende siempre escuchar tal propósito en un anfiteatro con centenares de estudiantes.

Le propuse hacer otro tipo de bomba. La bomba atómica ya está realizada y existe tal cantidad en el mundo que los Estados actualmente no saben qué hacer con ellas, ni como quitárselas de encima. Entonces, le sugerí hacer una bomba de amor que permita a los hombres amarse cuando la haga explotar. Todo el mundo rio. He aquí un ejemplo de la manera en que se puede cambiar el estado de espíritu de las personas con un poco de sabiduría en sus palabras. Es cierto que una vez que se cuestionan sus prejuicios y elevamos sensiblemente el nivel de conciencia, perciben la realidad de manera diferente. Un diálogo constructivo puede entonces iniciarse.

El Islam: una tradición viviente

Las mismas ideas recibidas han sido machacadas tanto por medios de comunicación de los países musulmanes que han llegado a ser una forma de adoctrinamiento de la opinión pública. La noción de *umma*, que se traduce generalmente por «la comunidad de los creyentes» es un buen ejemplo. Ella ha sido reducida a su dimensión política mientras que ante todo es una noción espiritual. Son cuestiones supuestamente bien conocidas en el Islam, pero que, en realidad, raros son aquellos que comprenden todas sus implicaciones.

Actualmente es difícil atravesar los numerosos estratos ideológicos que recubren el alma de la civilización musulmana, pero cuando llegamos a tocar el corazón sagrado del Islam, somos recompensados en nuestros esfuerzos; nos damos cuenta entonces de su riqueza interior que aún tiene mucho más para enseñarnos y aportar a las otras tradiciones y a la humanidad.

La esperanza

¿Cómo se produce una curación sobre el plano del alma colectiva? ¿Qué proceso terapéutico es posible aplicar a una civilización que ha perdido lo esencial de su mensaje espiritual? Es sobre el plano de la conciencia que eso debe suceder. La humanidad tiene un alma colectiva que la filosofía islámica denomina el alma del mundo. Cuando una parte del cuerpo está enfermo es la totalidad que está atacado por la fiebre. No podemos decir que hoy el alma del mundo esté pacificada y con buena salud, al contrario. Pero es más sabio permanecer optimista aun si la humanidad es confrontada a una conjunción de crisis que le impiden superar, con urgencia, desafíos de una amplitud sin igual en su historia. No perdamos de vista que las crisis profundas pueden permitirle, al mismo tiempo, a la humanidad realizar los cambios y avances necesarios para encontrar soluciones apropiadas a los problemas que se enfrenta. Siendo planetarios los desafíos que nos esperan, todos debemos reflexionar y actuar en el sentido de una gestión global de la Tierra más responsable y equitativa. Si queremos curar al alma del mundo y prevenirla contra los flagelos que la perturban tan a menudo, es tiempo de trabajar en la creación de una nueva cultura de la paz entre los pueblos y las principales tradiciones del mundo. Aprendamos entonces a considerar la pluralidad cultural y religiosa como una fuente inagotable de enriquecimiento mutuo en lugar de hacer únicamente la puesta en juego de una lucha por la hegemonía económica, tecnológica y militar. Como lo decía 'Alî Ibn Abî Tâlib, sobrino y yerno del Profeta Mohammed:

> Vosotros tenéis tanta necesidad de vuestro amigo como de vuestro enemigo, pues vuestro amigo alabará vuestras cualidades. En cuanto a vuestro enemigo, el estigmatizará vuestros defectos.

La enseñanza sufí proporciona un mensaje de esperanza para que el corazón de los hombres no se endurezca tanto como para volver imposible todo diálogo y fraternidad entre los pueblos y las civilizaciones. Un *hadîth* dice al repescto:

> Sin esperanza una madre no puede amamantar, ni una mujer dar a luz.

Es la esperanza lo que hace que la vida continúe, que una madre pueda amamantar y que toda mujer pueda parir. El ave da un huevo, una oveja da un cordero y la vaca un ternero, etcétera, es la vida que se perpetúa a través de las generaciones. Y la vida es la esperanza.

Cuando los ancianos plantan un árbol, saben muy bien que no comerán de los frutos. Entonces ¿para quién lo plantan? El Profeta decía:

> Trabaja en este mundo como si vivieras eternamente y trabaja para el otro mundo como si fueras a morir mañana.

Es siempre esta esperanza en el futuro que debemos llevar y transmitir a las generaciones que nos sucederán, aun en los momentos de prueba. Permanecer abierto a esta esperanza es un imperativo exigido por los múltiples desafíos ligados a nuestra época y a los cuales nadie puede escapar seamos musulmanes, judíos, cristianos o ateos si queremos construir mañana un mundo mejor que el actual.

11

El Viviente

Al-Hayy, el Viviente

Aventurarse más lejos en la experiencia interior de lo divino en sí supone despertarse al Viviente y conocer toda su riqueza. El versículo del «Trono» que los musulmanes recitan a menudo, algunos incluso lo recitan todos los días después de cada oración, es una invitación a vivir plenamente ese atributo divino:

> ¡Dios! No hay más Dios que Él: el Viviente, aquel que subsiste por Sí mismo *(al-Qayyûm)*.
>
> Corán, II, 255

El Viviente es el más esencial de los atributos divinos en el mundo manifestado que el ser humano haya recibido después que Dios le confió su Depósito *(Amâna)*. Ibn 'Arabî escribe en las *Futûhât* que «el grado del Viviente es el más inmenso de todos los atributos divinos puesto que es la condición previa a la existencia de todos los atributos».[1]

---

1. Ibn 'Arabî, *Futûhât, op. cit.*, vol. IV, p. 228.

Si fundamos nuestra relación con lo divino sobre el atributo del Viviente, entonces tomaremos conciencia de todo aquello que vive, dentro y fuera de nosotros, permite reencontrarlo. Considerar lo divino como el Viviente por excelencia es reflejar la vida en todo. Es posible elevarse a un nivel de conciencia extraordinaria en función de nuestra capacidad de encarnar en nosotros esta energía del Viviente. No se trata de cualquier nivel de conciencia, es la conciencia en sí, la que anima la manifestación divina en su totalidad. Aquel que busca acceder a tal nivel de conciencia debe previamente encontrar al Viviente inmutable y universal en su ser. Una vez que haya descubierto que la fuente y la esencia de la conciencia del Viviente están en él mismo, sus relaciones con el mundo y los otros se armonizarán.

La cuestión es saber en qué medida somos realmente vivientes. ¿El Viviente que nos anima es de origen divino o de origen puramente humano? Evidentemente, somos vivientes desde un punto de vista biológico. Nuestros padres nos han dado la vida y hemos heredado su patrimonio genético. A través de la reproducción sexuada la vida se transmite de generación en generación. Pero no nos contentamos con dejarnos vivir; tenemos necesidad de actuar por nosotros mismos y expresar nuestra vida interior. El ser humano no es un ser viviente como los otros que se contentarían con conservar su vida o con acrecentar sus goces materiales, ya que está dotado de un intelecto y una razón que le permite conocer la realidad y discernir lo verdadero de lo falso, el bien del mal. El Viviente, al que puede tener acceso, y aquí está la cuestión, es una energía divina que trasciende tanto la vida biológica como la psíquica:

Él es el Viviente. No hay más dios que Él.

Corán, XL, 65

Descubrir en sí mismo este atributo esencial del ser permite aprehender instantáneamente las cosas en su verdadera realidad. Todo ser humano lleva en sí este potencial, pero son raros aquellos que alcanzan a actualizarlo. Generalmente debido a un violento choque emotivo, o a graves problemas de salud o aun a situaciones extremas de supervivencia, algunas personas encuentran esta energía del Viviente que jamás hubieran imaginado poseer al llevar una vida normal.

Historia de Salomón y la hormiga

El Viviente en Dios no se confunde con la naturaleza original. Este atributo divino no se individualiza, es el Viviente en sí, por quien y en quien todo existe, mientras que la *fitra* se relaciona a un ser individual. El Corán habitualmente lo ilustra, por ejemplo, haciendo hablar a los animales, a la naturaleza y a toda la creación como en la *surat* «Las Hormigas». Una hormiga viendo pasar a Salomón con su ejército llama a las otras hormigas y les dice:

> Entrad rápido en vuestro hormiguero, no sea que Salomón y sus tropas os aplasten sin darse cuenta.
>
> Corán, XXVII, 18

Ahora bien, Salomón escucha su llamada y detiene a su ejército el tiempo necesario para que las hormigas puedan ponerse a resguardo. Esta historia significa que otra relación es posible entre el ser humano y la creación en la medida en que Salomón pudo entrar en comunicación con la hormiga, lo que contradice la experiencia humana usual. El idioma de la hormiga no es el de Salomón, y sin embargo habla y él la comprende; la escucha le da la razón y la reconoce por lo que ella es. Tenemos aquí un ejemplo de lo que denominamos el Viviente en Dios.

Esta historia es significativa. Si el Corán la relata es para darnos una enseñanza. Salomón era el ser más realizado de su época, puesto que era Rey y Profeta. Detentaba en el más alto grado el poder temporal y espiritual. La tradición cuenta que no había entonces sabiduría más grande que la suya. Ahora bien, él va a ser capaz de escuchar a ese pequeñísimo insecto, de reconocer en él al Viviente en Dios. La conciencia del Viviente está de tal manera encarnada en Salomón que le hace acceder a la universalidad del lenguaje de la creación: es capaz de escuchar a cada ser, concederle importancia y darle, además, la razón. Nada de lo que existe en los cielos o sobre la tierra existe fuera de ese Viviente por excelencia:

> Ni la somnolencia ni el sueño de apoderan de Él. Suyo es lo que hay en los cielos y en la tierra.
>
> Corán, II, 255

El lenguaje de los pájaros

Cuando la alquimia del Viviente actúa en el hombre, la creación deviene semejante a una sinfonía musical o a una ecuación matemática, las cuales son posibles de descifrar y entender el lenguaje. Tomamos conciencia de que no somos más que uno con la creación y que somos capaces de leer en ella todos los signos sutiles que oculta:

> Ciertamente en la creación de los cielos y de la tierra, en la alternancia de la noche y el día, en la nave que navega en el mar y de la que los hombres se benefician, en el agua que Dios hace descender del cielo con la que vivifica la tierra después de haber estado muerta, es cómo se han diseminado por ella toda clase de criaturas y en el cambio de la dirección de los vientos y de las nubes sometidas entre el cielo y la tierra, hay signos para gente que entienda.
>
> Corán, II, 164

Tan pronto como aprendimos en la escuela a contar de uno a nueve y a recitar el alfabeto desde la a hasta la z, hemos podido enumerar los objetos y reconocer las palabras. Se instauró un diálogo entre nosotros y el mundo gracias al conocimiento de esos lenguajes. Por una parte, hemos descubierto que con las letras podemos formar palabras y construir frases sensatas con la condición de respetar ciertas reglas gramaticales, y por otra parte, que conociendo las propiedades de las cifras, es posible hacer cálculos exactos. Todo lo que sabemos ha sido un aprendizaje a menudo laborioso.

Cuando los científicos hablan del agua, no la designan simplemente con una palabra, la simbolizan con una fórmula química: H_2O. Cuando hablan del oxígeno, del hidrógeno o del carbono, utilizan símbolos químicos. De hecho, todos los fenómenos que los científicos llegan a descubrir o a observar pueden ser expresados por un lenguaje matemático, químico o físico. Pero son idiomas totalmente creados por el hombre, no son de origen divino. De esta manera, los físicos inventan regularmente términos para designar las partículas elementales que recién son descubiertas. También elaboran nuevas ecuaciones para conocer sus propiedades.

Por el contrario, existe un lenguaje divino destinado a las criaturas, que se manifiesta bajo la forma de signos en la creación, para aquellos que han aprendido a decodificar su sentido. Es el dominio de este lenguaje divino lo que permitió a Salomón escuchar y comprender a la hormiga. El Corán hace mención de este idioma extraordinario:

> Se nos ha enseñado el lenguaje de los pájaros y se nos ha dado toda sabiduría.
>
> Corán, XXVII, 16

Todo ser que, a la manera de Salomón, reconoce al Viviente en sí mismo, accede al lenguaje universal que habla la creación. Es una experiencia extraordinaria por la cual es posible encontrar la paz y la alegría de vivir.

Opuesto a este estado, tenemos patologías como la angustia o la depresión que muestran la pérdida de nuestra relación con el Viviente. Los sufrimientos que sentimos resultan del olvido de este atributo divino. Desde el momento en que el ser alcanza a restaurar en sí esta relación, todo responde: presente. Será más cuidadoso a todo lo que se le manifieste y le llegue en su vida cotidiana. Es un estado muy profundo que necesita no recaer en la inconciencia del Viviente. Entonces, se establece una comunicación entre el ser y aquel que se manifiesta bajo innumerables formas tanto sensibles como sutiles. Entonces todo trabaja para una conciencia cada vez más atenta a los signos que surgen en la creación.

El día en que se nos permita experimentar ese estado, que está al alcance de todos, seamos agradecidos al Creador para evitar creer que nos pertenece solamente a nosotros.

Lo innato y lo adquirido

La dificultad que el hombre experimenta para renovar esta alianza con este atributo divino viene del hecho que la sociedad invita a cultivar mucho más la periferia del ser que su centro, nos pone una trampa fortificando lo adquirido por nuestro condicionamiento cultural, haciéndonos olvidar los atributos divinos innatos en todo hombre:

> Toda alma es rehén de lo que haya adquirido.
>
> Corán, LXXIV, 38

Lo primero que hace un niño al nacer es dar un grito para poder respirar y mantenerse vivo. Aunque el Viviente sea innato en nosotros, esto es disimulado por las adquisiciones sociales, intelectuales, religiosas o aun filosóficas.

La educación dispensada a los niños en nuestras sociedades desempeña un papel determinante en el ocultamiento de lo innato. Ahora bien, la naturaleza original del hombre posee en sí una predisposición que conoce que la educación va luego a orientarse hacia un sentido más bien que otro. Ciertamente, es prácticamente imposible dejar a un niño sin darle instrucción. Eso sería impedirle el desarrollo de sus facultades físicas e intelectuales que harán de él un ser humano. Sin embargo, ¿qué hacemos la mayor parte del tiempo cuando instruimos?

Recubrimos la naturaleza virgen del niño diciéndole lo que debe hacer, decir o pensar. Se lo carga muy temprano con un sistema de valores y prácticas que le son transmitidos por sus padres o la sociedad. Después de todo, esto es normal y benéfico para su desarrollo salvo si buscamos, en tanto que padres, modelarlo en función de nuestras propias ambiciones, experiencias y aun frustraciones, en lugar de dejarlo encontrar por sí mismo su camino.

Deseamos formar un ser que sea a nuestra imagen. Toda diferencia muy pronunciada con un hijo es vivida como un drama familiar. Anhelamos que nuestros hijos sean una parte de nosotros mismos, incluso, en cierto modo, nuestro doble. Es cierto que biológicamente poseen la mitad del patrimonio genético de la madre y la mitad del padre, pero los padres querrían que esto fuese igual para las transmisiones intelectuales y morales. Olvidan que el Viviente hace gala de una creatividad absoluta.

Por consiguiente, no deseemos a nuestros hijos que se nos parezcan, pues serán objeto de engaños tal como nosotros mismos lo hemos sido. Pero ¿quiénes son los padres que reflexionan de esta manera? Son pocos. Animemos a los niños a que vayan hacia el Viviente, por su voluntad se dirijan hacia lo Divino, para que ellos lo realicen aún más que nosotros. Esto se enseña en pocas escuelas, por lo menos hasta el presente, puesto que pone en discusión los valores y los fundamentos de nuestra sociedad, así como lo que ha sido adquirido en el curso de nuestra educación.

Hoy el hombre tiene necesidad de reencontrar todos esos atributos que Dios ha inscrito en él desde el nacimiento del primer hombre sobre la Tierra, como lo recuerda el Corán (II, 31):

Le enseñó a Adán todos sus Nombres.

Ciertamente, el hombre necesita un elemento disparador para alcanzar esos atributos. El encaminamiento, es decir la «intuición guiada» puede cumplir ese rol; por lo tanto es necesario tomar conciencia de ello. Todos los seres humanos tienen la capacidad de una «intuición guiada» aun si cada uno la denomina o la piensa de manera diferente; es inherente a nuestro ser porque emanamos del Viviente mismo. Aquel que no reconoce en sí la existencia de esta guía vive como un muerto Viviente. Le agrada llevar una vida exitosa sobre el plano material, su interioridad está apagada. ¿Cuántas personas están aparentemente vivas en lo exterior y, en realidad, están muertas interiormente?

El Viviente y el ego

Sólo podemos ser realmente vivientes porque Él es Viviente. No es el pensamiento, separado de ese atributo divino lo que hace subsistir a nuestro ser y que nos permite expresar y conocer todas las potencialidades existentes en nosotros, en principio, es Él quien nos da la vida y la mantiene según su decreto:

Es Dios quien da la vida y la muerte.

Corán, III, 156

En la tradición sufí, la experiencia fundamental de toda existencia no es el razonamiento cartesiano que hace de la esencia humana una sustancia pensante, sino que es la experiencia unitiva de tomar conciencia de lo eterno Viviente que llevamos en nosotros. El alma humana no surge de la nada sino del Viviente en sí y su finalidad es de volver a éste. Los hombres siempre han tenido tendencia a hacer de su experiencia subjetiva o su aspiración personal un absoluto. El Sheij al-'Alâwî lo constata:

> ¿Quién tiene razón, la flor imaginando a Dios como un perfume o Aristóteles concibiendo a Dios pensándose eternamente? Aristóteles y la flor hacen el mismo trámite: uno divinizando su pensamiento, el otro sus efluvios. Los dos tienen razón [...]. Pues Dios es todo, y cada parte de la creación abre sobre Él sólo un minúsculo ángulo de visión.[2]

También, los sufís tenían por costumbre antiguamente, pronunciar en principio la siguiente fórmula: «Me refugio en Dios contra (el mal de) la palabra «Yo» cuando se expresaban en la primera persona del singular. Era una manera para ellos de reconocer que estaban obligados a decir «yo» pero, al mismo tiempo, desconfiaban como si Satán pudiese por ese lado expresarse en su lugar.

Es decir, que «yo» tiene por efecto reforzar inconscientemente nuestro egocentrismo, de individualizarnos y aislar nuestra existencia del resto del mundo. A menudo, esta fórmula aparentemente anodina, en realidad, nos enseña a fortificar nuestro ego al punto de ocultar nuestra relación

---

[2]. En Augustin Berque, «Un mystique moderniste, le Cheikh Ben Aliwa», *Revue africaine,* 1936, citado por Johan Cartigny, *Cheikh al-'Alâwî,* Documents et térmoignages, *op. cit.*, cap. II, p. 33.

con el Viviente en sí. Cuando el ego descubre los atributos que oculta su ser, ¿aceptará reconocer que son de origen divino o tratará de acapararlos en su conciencia individual? ¿Será capaz de restituirlos una vez más a la conciencia universal? Si la respuesta es afirmativa, entonces el redescubrimiento por el hombre del Viviente en sí puede ser realizado.

Un juicio apresurado podría llevarnos a considerar al ego como el mayor obstáculo para nuestra expansión y nuestra realización. Sin embargo, no se trata de destruirlo, tenemos necesidad de él para construirnos. No es en sí mismo nocivo o negativo, sino que puede devenir una cosa u otra según el espacio que va a ocupar en nosotros. En todo caso, es indispensable para afirmar nuestra individualidad. Somos diferentes los unos de los otros tanto desde el punto de vista fisiológico como psicológico. Y es lo que permite fraguar nuestra identidad personal. Gracias a él podemos saber quiénes somos y restablecer las percepciones del mundo exterior a nosotros mismos.

Sin embargo, el ego debe conocer varias etapas para alcanzar el Viviente por Dios.

Los tres niveles del Viviente

El ego ha estado siempre en el Viviente. Pero, según su nivel de desarrollo, percibe ese atributo divino de manera diferente. El primer nivel del ego, que corresponde al estado del alma imperiosa, nos permite ver lo Viviente por medio de los sentidos. Conoce una nueva etapa en su desarrollo volviéndose hacia la reflexión y aprendiendo a discernir lo verdadero de lo falso y el bien del mal. Ya no está sometida exclusivamente a sus instintos. Corresponde al «alma arrepentida». Si hace un mal, es para rechazarlo inmediatamente preguntándose cómo puede reparar su falta. Finalmente, en el tercer nivel, el ego pasa por una nueva etapa que le permite pacificarse. Corresponde al «alma apaciguada» capaz en lo sucesivo de encontrar en ella al Viviente por Él. Es lo que la revelación coránica denomina «el retorno hacia el Señor», es decir, el retorno hacia el eterno Viviente en nosotros.

El alma está en ese momento totalmente pacificada. El ego no ha desaparecido completamente, pero el espacio que ocupa se ha reducido considerablemente en la medida que el ser ha ido creciendo en su desarrollo espiritual.

Ello no significa que sólo cuente la última etapa de su desarrollo. En la tradición sufí, los sentidos juegan un rol muy importante en el descubrimiento del Viviente. Es necesario proceder de forma metódica para llevar a despertar la conciencia del ser. El despertar de los sentidos constituye la etapa obligatoria en el método terapéutico para conducir a una persona a liberarse de su sufrimiento, puesto que, cuanto más conciente sea de su entorno y de ella misma, más se acercará al Viviente. Sanarse consistirá entonces en reconocer al Viviente en todas las cosas.

La curación por el Viviente

El verdadero desafío para el terapeuta es llegar a curar al Viviente enfermo y debilitado por el Viviente en sí mismo.

Cuando una persona es atacada, por ejemplo por un virus, va a curarse siguiendo el tratamiento que le ha prescrito su médico. Una vez ingeridos, los medicamentos producen reacciones fisiológicas y químicas en el organismo que van a tener por efecto curar las partes enfermas de nuestro cuerpo; las sustancias medicamentosas tienen entonces la función de ayudar al Viviente enfermo a que reencuentre su equilibrio. En tanto que consideremos al virus o a las moléculas químicas que componen el medicamento, permaneceremos en la cadena de lo viviente. Y mientras veamos la realidad en forma diferente, es decir, que nos olvidamos de religarnos a la fuente de donde emana toda vida, esbozamos entonces un proceso inverso a la muerte espiritual.

Como lo dice Abraham:

Y es Él quien me alimenta y me da de beber;
Y cuando estoy enfermo, es Él quien me curará,
Y que me hará morir, y luego me volverá a dar la vida
[...].

Corán, XXVI, 79-81

Efectivamente, continuamos siendo vivientes por la consumación de lo viviente, la cual se limita al cuidado del cuerpo biológico como podemos observar en caso de cualquier animal. Pero si queremos gozar del potencial de lo viviente que poseemos en nosotros mismos y nos ha sido dado, debemos tomar conciencia del vínculo que nos ata a la fuente del eterno Viviente para extraer la energía que alimenta simultáneamente nuestro cuerpo y nuestro espíritu. Es alejándonos de esa fuente vivificante que el efecto inverso ha de desencadenarse. Seremos obligados a soportar el paso del tiempo, que aporta consigo su cortejo de males, conduciéndonos irreversiblemente hacia la muerte. Comprender la propia vida desde una perspectiva únicamente terrestre y material le hace perder todo su sentido y todo su valor. Cada día que pasa, cada instante que fluye, nos acerca un poco más, angustiosamente, al desenlace fatal.

El deseo del Viviente

El porvenir del hombre depende del lugar que se da al Viviente en la educación del despertar. En una sociedad donde ese atributo divino ya no es más el centro de interés hacia el cual convergen todas nuestras acciones y los fundamentos de la religión o de la filosofía, la vida es alterada, triste y monótona. Da lugar únicamente a una sociedad anárquica donde los individuos se dedican principalmente a actividades superficiales.

La pérdida de la relación con el Viviente en sí mismo suscita en el ser innumerables deseos. Para reemplazar el deseo principal del Viviente, buscamos hartarnos de banalidades que crecen sin cesar. El hombre cree poder colmar esa necesidad que lo hace sufrir poniendo su inteligencia inventiva al servicio de sus deseos corporales y materiales. Desgraciadamente para él nada parece colmar el vacío interior que siente; su vida se transforma prontamente en una carrera desenfrenada a la posesión. Si bien el deseo del Viviente permanece fundamental para el hombre, desde el momento en que pierde la pista, él no se preocupa más en ser o mejorarse sino en tener y parecer.

Pero nada sabrá agotar la energía del Viviente que anima y hace permanente toda la realidad. Aun cuando tengamos la impresión de que esa energía se ha retirado de nuestra vida, permanece presente entre nosotros y puede ser reactivada en cualquier momento. Si consideramos las relaciones amorosas, es su presencia la que une al hombre y la mujer. El deseo de construir una familia no es otra cosa que esa energía del Viviente. Esta última se manifiesta también en las relaciones afectivas que los padres mantienen con sus hijos, su amor transformándose a veces en amor posesivo y problemático. Buscamos a través del otro la parte que nos falta, y ocurre que caemos en el sufrimiento y la desilusión...

La experiencia espiritual de la muerte-resurrección

Pero ¿cómo ir de nosotros mismos hacia lo Divino? ¿Cómo renacer a lo innato? En el sufismo, las personas que se sienten listas a emprender tal trámite se retiran a una caverna. De esta manera ocurrió para el Profeta Mohammed. Ahora bien, ¿qué es esa caverna? Es también una tumba. Quién allí entra con su individualidad sale completamente transformado. La transformación que se opera entre el momento en el que él entra en esa matriz, en esa Tierra Madre, y el momento en el cual sale es el resultado de una muerte-resurrección:

> [...] Él le da la muerte y lo mete en una tumba; luego Él lo resucitará cuando quiera.
> Corán, LXXX, 21-22

En las montañas de Kabilia, esos retiros espirituales *(khalwa)* se hacían en grutas, siempre en lugares retirados e inhospitalarios. Observamos el mismo fenómeno en todas las tradiciones espirituales.

Para aquel que se encamina en una vía espiritual se trata de aceptar morir a lo adquirido para renacer a lo innato. Esta experiencia espiritual es llamada muerte-resurrección. Para hacer triunfar al Viviente en sí mismo, el ser humano debe disponerse a morir al mundo. Ningún renacimiento espiritual del ser es posible sin la muerte de las pasiones negativas del ego. Ésta es una realidad sobre la cual ya no se habla. En nuestras sociedades asistimos prácticamente a lo inverso en la medida en que todo está hecho para reafirmar el ego. En general, las instituciones humanas están hechas para conservar y transmitir lo adquirido y, haciéndolo, contribuyen a atrofiar lo innato. El sistema de exámenes es un ejemplo típico de ello. La sociedad se esfuerza por mantener al hombre en un sistema que le impide tener dominio sobre sí mismo. Vivir en lo innato liberador de todo condicionamiento psicológico y social implica tal revisión crítica de los valores y fundamentos de las sociedades y de los estados que es preferible ocultar su existencia. Pero impidiendo esta vía hacia la emancipación, la autonomía y la liberación, avanzamos hacia una multitud de deseos insaciables que tejen la trama de un mundo de valores superficiales hechos de angustias, de contrariedades y de competencia. Aunque no estemos siempre satisfechos con la vida que llevamos, no buscamos modificar su curso porque nos dejamos acunar por la vana esperanza de que mañana seremos más felices que hoy gracias a la realización de nuestras ambiciones personales.

No olvidemos que el Viviente permanece siempre viviente aun cuando nos extraviemos despilfarrando toda nuestra energía en actividades superfluas y estresantes. Esto no lo disminuye en lo más mínimo. El Viviente es inmutable porque por definición, es «Aquel que subsiste por Sí mismo». Él no está menos presente en nuestras sociedades que en aquellas del pasado, pero ciertamente en la actualidad está más oculto en virtud de los modos de vida más centrados en el triunfo social y material que en el logro de la plenitud espiritual.

El Viviente en el hinduismo

Veamos como es definida el alma en una tradición diferente al Islam. René Guénon nos enseña en sus estudios sobre las doctrina hindúes, y más particularmente en las concernientes al *Vedânta*, que el alma es Viviente.

El «alma viviente» *(jîvâtmâ)* es la manifestación particular del principio supremo, el «Sí mismo» *(Brahma)*. Nos encontramos en una de las tradiciones filosóficas y religiosas más antiguas del mundo, donde cohabitan una multitud de divinidades sin que se cuestione la existencia de un principio único que las trasciende a todas. En el hinduismo, *Brahma* es uno de los nombres que expresa el Nombre divino más sutil, aquel por el cual todo procede, y fundamentalmente la individualidad. En esta tradición, el «yo individual» no es más que el reflejo en el mundo creado del «Sí mismo» eterno. René Guénon remarca que en las doctrinas orientales, la personalidad humana no corresponde a la noción de individualidad a la que la confinó la mentalidad moderna. La noción de individualidad es, de hecho, ficticia, es un reflejo del «Sí mismo» más esencial:

> El «Sí mismo» es el principio trascendente y permanente del cual el ser manifestado, el ser humano por ejemplo, no es más que una modificación transitoria y contingente, modificación que no podría por otro lado afectar de ningún modo al principio.[3]

La filosofía moderna remite al ser humano solamente a su perspectiva individual haciendo de esta manera de su actividad mental la sede de la conciencia. Se ve reducido a su «yo» individual o colectivo, mientras que éste no es más que la manifestación más periférica de ser. Esta confusión, que reina entre una facultad que le es completamente específica, designada comúnmente en filosofía como razón, y los estados ilimitados de su conciencia, es el origen de la incomprensión con respecto a la realidad de un conocimiento y una experiencia metafísica. Se termina por someter y aprisionar al intelecto en un sistema autosuficiente y cerrado a toda trascendencia que lo aleja del Viviente en sí mismo. Al no vincular la conciencia a su centro vital inmutable y eterno, el hombre se prohíbe descubrir y conocer las posibilidades más sutiles y universales que contiene. En el mundo moderno, desde el punto de vista espiritual, el hombre es como un muerto-viviente dado que vive separado de la esencia misma de la vida.

---

3. René Guénon, *L'Homme et son devenir selon le Vedânta*, Éditions traditionnelles, 1991, cap. II, pp. 31-32.

Esta breve incursión en la espiritualidad del Vedânta permite mostrar hasta qué punto las tradiciones espirituales son portadoras de una verdad universal. Ya sea que nos volvamos hacia la tradición sufí o hindú, ello nos da la posibilidad de reconciliarnos con una enseñanza inmemorial y nos recuerda la esencia misma del alma humana. Ésta procede del principio divino supremo: el Viviente en sí mismo, y se manifiesta y materializa en un número indefinido de estados de conciencia a medida que se aleja de su principio inicial.

Lo Divino como Todo Otro

Cuando hablamos del Viviente, recobramos nuestro lugar y nuestro rol a través de Él, de otra manera todo se vuelve incompresible. La dificultad con la que es confrontado el ser humano en su relación con lo Divino es que él hace la experiencia de una alteridad radical, es puesto cara a cara con el Todo Otro que él. En ese caso, ¿cómo puede un ser relativo y limitado hacer de un absoluto trascendente una parte de sí mismo?

La revelación coránica: «Él está con vosotros dondequiera que os encontréis» (LVII, 4), ¡es imposible desde un punto de vista religioso! Se juega aquí una verdadera dificultad para los comentarios exotéricos del Corán; se tropiezan con este tipo de versículos y prefieren reformularlos a su manera: «Él está con vosotros por su ciencia». Pero ¿por qué «por su ciencia»? ¿Por qué maquillar la verdad?

Es una manera de mantener control sobre el otro y su pensamiento. Ahora bien, si el Viviente en sí, que es un atributo divino esencial, es el mismo que se encuentra en nosotros, el Viviente que nos anima es Él. No hay entonces ningún otro que Él. No querer reconocerlo es desviarse de esta realidad última para vivir como un muerto-viviente. ¡Lo más extraordinario es que no tenemos que buscarlo puesto que Él es lo que subsiste por Él-mismo! Buscar al Viviente es una manera de huirle y de alejarse, pues introducimos en nosotros la dualidad. Lo que le impide al hombre reconocerlo es su orgullo, que se coloca entre él y lo Real verdadero *(al-Haqq)* y lo mantiene en la ilusión de que él es el único maestro de su destino. Si somos capaces de superar nuestra suficiencia, de trascender nuestra condición humana, entonces todo se revelará bajo el ángulo del Viviente.

Dios es absoluta libertad

Si el Viviente es inmutable y subsistente en todo, ¿cómo podemos apartarnos de Él? La razón es que vivimos en el olvido, pero no cualquier olvido, ¡se trata del olvidarnos de Dios!

> Habíamos confiado una misión a Adán, pero él la olvidó y no vimos en él ninguna firme resolución.
>
> Corán, XX, 115

Siempre que estamos en ese estado, tenemos la impresión de crear libremente nuestra existencia pero, en realidad, creamos nuestra propia prisión. Nos limitamos en todos los planos mientras que Dios es pura libertad. No es imponiéndose toda suerte de limitaciones mentales que nos volveremos más próximos a Él. Eso es ignorar que Él está dotado de una libertad absoluta, que Él está más allá de todo límite y forma. Para comprender lo que esto significa verdaderamente, debemos aprender a desaprender. El problema es que reemplazamos al Viviente infinito e intemporal en nosotros por una voluntad individual limitada y caprichosa que toma por fuente nuestro imaginario, nuestros fantasmas y nuestras creencias. Rûmî dice en el *Livre du dedans:*[4]

---

4. *Hadîth qudsî*, citado por Ghazâlî, *Ihyâ'*, III, p. 269.

> Yo estoy allí donde se encuentran los pensamientos de Mi servidor.
> Cada criatura se hace su imagen de Mí. Donde está aquello que él imagina de Mí, es donde Yo me encuentro.
> Purificad, oh Mis criaturas, vuestra imaginación que es Mi morada y Mi residencia.

De allí la necesidad de alimentar nuestra búsqueda interior con prácticas espirituales (oraciones, cantos, meditaciones, etc.) y purificar nuestro imaginario de toda forma o toda imagen impropia para representar la realidad divina en su acto creador.

Reducir el origen de nuestra existencia a nuestra pequeña vida efímera, cuando ella emana de una fuente que se remonta al tiempo primordial, da una idea falsa de lo que somos. En alguna medida, el hombre se toma por el Creador, cuando no es más que una criatura cuyo destino está ligado a una voluntad divina que lo supera.

La ignorancia y el olvido de nuestra esencia verdadera nos vuelven semejantes a prisioneros que hubieran cambiado su libertad por cadenas invisibles por el miedo a tener que asumir plenamente su existencia. Esta condición que compartimos con la mayoría no procura ninguna satisfacción; al contrario, es la fuente de nuestro sufrimiento. Sin embargo, a menudo preferimos complacernos en nuestras limitaciones mentales y culturales que afrontar la pérdida de nuestras ilusiones. ¡Lo peor es que imponemos este sufrimiento al otro! ¡Desearíamos que él haga exactamente como nosotros, que comparta nuestra prisión que juzgamos perfecta, mientras que es exigua y oscura! Nos preguntamos entonces, ¿por qué no deviene él, como nosotros, musulmán, judío, cristiano o budista? ¿Por qué no se convierte él a nuestra fe ya que, a nuestros ojos, ella es garante de nuestra salvación y del paraíso en el más allá? Tal actitud resulta insensata para quien ha sabido liberarse de todas sus cadenas.

El acercamiento terapéutico en el sufismo propone educar al ser para que reencuentre su libertad original. Se trata de ayudarlo a despertar en sí esa intuición innata. Está presente en nosotros pero no hemos aprendido a guiarla.

Ello explica nuestras dificultades para saber verdaderamente lo que somos y lo que deseamos en lo más profundo de nuestro ser. Sabemos, ciertamente, que estamos vivos, tenemos de ello la experiencia inmediata, pero sin ser concientes que sólo existimos por el Viviente. ¡Es tan evidente que nadie se preocupa por ello! Un terapeuta debe hacer recordar al paciente lo esencial y la inmediatez de esa realidad si quiere ayudarlo a sanar. Pero él no llega a un buen diagnóstico sino en la medida en que el enfermo es capaz de describir sus males; entonces, el remedio a prescribirle será a la medida de la enfermedad. Si nos mantenemos en la ignorancia de los problemas que agitan nuestra alma, ningún médico será capaz de curarnos. Lo ideal sería llegar por nosotros mismos a diagnosticar su mal y encontrar en nosotros mismos el medio para remediarlo, lo que nos obligaría, fundamentalmente, a volver al principio de la unidad del ser que es la fuente de nuestro equilibrio.

Comencemos entonces por despertarnos a la presencia del Viviente en nosotros y fuera de nosotros. Mostrémonos más atentos respecto de ese atributo divino esencial para no descuidarnos y ensombrecernos en una vida inconciente. Acerca de ello, el Sheij al-'Alâwî nos pone en guardia contra el imperio de los sentidos:

El mundo sensible es una borrachera.

Estamos tan sumergidos en el mundo sensible, y seducidos por sus formas cambiantes y variadas, que vivimos en un estado permanente de embriaguez y de olvido. Nuestra conciencia, completamente empantanada en las realidades sensibles, pierde el contacto con aquello que es esencial para alimentarla. La mayor parte del tiempo estamos completamente absortos en nuestros inconvenientes y en nuestras actividades cotidianas para ganarnos la vida. Alejándonos así del Viviente, nos despreocupamos y sacrificamos el aspecto más esencial de nuestro ser.

La lectura por el Viviente

Cuando el ángel Gabriel abrazó al Profeta al punto de casi asfixiarlo, le dio una orden:

¡Lee! dijo Gabriel. Y el Profeta respondió: «No sé leer». El ángel repitió: «¡Lee!». Por segunda vez el Profeta dijo: «No sé leer». Y a la tercera conminación, Gabriel le dijo:

¡Lee en el nombre de tu Señor!

Coran, XCVI, 1

Fue entonces que el Profeta leyó. Aquel que no comienza la lectura de su propia vida «en nombre de su Señor» elije dejarse guiar únicamente por sus sentidos y su razón a pesar de su insuficiencia. Esta noción de lectura por el Señor es muy exigente. Leer nuestra vida por Él es de una increíble dificultad porque es aceptar y reconocer los propios defectos, las propias debilidades y los propios límites.

Desde que tomamos conciencia que no existimos sino por Él, saber si hubiéramos podido ser o no ser no viene más al caso, puesto que solamente el Ser y el Viviente son:

Es Él quien os da la vida, luego os da la muerte, luego os hace revivir.

Corán, XXII, 66

La muerte no es más que una metamorfosis del ser o una fase transitoria que nos lleva a una nueva forma de vida más auténtica. En el universo entero, sólo el Viviente es. Cualquiera sea la dirección que tomemos nos encontraremos con el Eterno Viviente:

Sólo a Dios pertenecen el Oriente y el Occidente. Hacia donde os volváis el Rostro de Dios está allí, porque Dios tiene la inmensa gracia; Él es Omnisciente.

Corán, II, 115

En cuanto esta lectura se hace por el Viviente, podemos descifrar tanto el lenguaje de la creación como aquel de las diferentes tradiciones espirituales de la humanidad. Una nueva perspectiva se abre para el ser humano. Se vuelve un receptor al cual confluyen la información proveniente de las criaturas animadas e inanimadas: la piedra, el árbol, el pájaro, el hombre así como también las entidades espirituales se manifiestan a él revelándole su esencia, reforzando su conocimiento y la agudeza de su visión interior del secreto que religa al conjunto de formas y de realidades en un movimiento continuo y creativo. Comprende la agitación que levanta las olas que perturban la superficie del océano y la necesidad imperiosa que ellas tienen de manifestarse para que la vida se perpetúe, se transforme y se complete para testimoniar que no hay allí más de él que Él. Todo lo guía a esta realidad constante y eterna. Los sucesos pasados como los del futuro se anudan a la manera de hilos que se entrelazan para componer la trama de una obra insospechable que sobrepasa y desafía toda percepción e imaginación. Sólo el actor principal conoce su comienzo y su final. Perplejo, el hombre que ha visto, retorna a sí mismo como el testigo de esa realidad que abraza el todo. La alabanza y la acción de gracia lo invaden para dar gracias a Dios por vivir en tal estado de plenitud. Su oración no es más que dar gracias a Dios. Aquel que toma conciencia de que él es el Viviente vive en paz. Esa presencia se vuelve entonces constante. Una relación de amor y un diálogo permanente se instauran entre el hombre, la creación y su Creador. El error sería reservar esta experiencia unitiva únicamente a seres extraordinarios cuando el Viviente dialoga permanentemente con todos aquellos que se esfuerzan en despertar, aunque sea un poco, su conciencia.

La lectura por los sentidos

Participamos con todo nuestro ser en el Viviente. Estamos constituidos, como cualquier criatura, de células, de agua, de un sistema nervioso, de carne y de muchos otros elementos vivientes. Recibimos la vida, buscamos conservarla y acrecentarla, pero también darla para finalmente conocer la muerte. Ello se manifiesta inmediatamente a nosotros y se hace conocer por nuestros sentidos. Por el simple hecho de hablar, de ver y de tocar mostramos que estamos con vida. La estrecha colaboración de nuestros sentidos nos pone en contacto con el mundo y nos permiten descubrirlo y aprender a conocerlo.

Sobre ello, el esoterismo islámico nos aporta un esclarecimiento importante: dado que los sentidos son las primeras herramientas del conocimiento de sí y del mundo, debemos aprender a buscar lo divino en todo a través de su intermedio.

Esto se vuelve posible si educamos nuestros sentidos para advertir lo divino en todo aquello que se nos presente. Podemos constatar que habitualmente hacemos lo contrario. Consideramos a los sentidos como velos que impiden nuestra relación con lo Divino en lugar de ser la primera vía de acceso para ello. En nuestra búsqueda de lo Divino, a menudo negamos sus manifestaciones sensibles. Dado que son corporales, creemos que nuestros sentidos son indudablemente de un orden inferior. Pensamos que ellos nos limitan a las realidades materiales superficiales, ergo ilusorias. Ahora, la educación del despertar pasa por la conversión de los sentidos. Esta educación está ligada, en la tradición sufí, al estatuto de ley, la *sharî'a*. El problema que esta última presenta proviene de la mala interpretación que de ella se hace. Es percibida como un conjunto de leyes apremiantes y restrictivas, y no como un medio de canalizar y espiritualizar nuestros sentidos para llevarlos progresivamente a percibir sutilmente la realidad del principio supremo.

La visión sufí de la terapia tiene en cuenta la importancia del despertar de los sentidos en la curación del alma humana.

Es posible observar en un enfermo la pérdida de ciertos sentidos o sus perturbaciones. ¿Cómo va a hacer el terapeuta para enseñar a su paciente a escuchar, a ver, a percibir y a tocar de esa nueva manera? La conversión de los sentidos es una prioridad en el trámite terapéutico. Pero ¿cuál es la relación entre los sentidos y el Viviente? Por ejemplo, cuando tomamos agua y la bebemos, es en primer lugar para saciar nuestra sed, pero si ponemos conciencia en los gestos y nos damos cuenta de que el agua es Viviente, que nosotros somos vivientes, y que tenemos necesidad el uno del otro para que la vida sea y continúe siendo, entonces lo Viviente estará presente en todo lo que hacemos. Cuando bebemos y comemos en nombre de Dios, ponemos conciencia en los actos y alimentamos a la vez nuestro cuerpo físico y nuestro cuerpo espiritual.

La lectura por la razón

El segundo nivel de lectura se opera por la razón. ¿Qué rol juega en la compresión de lo Divino? De hecho, son nuestros sentidos los que estructuran y alimentan de conocimiento a nuestra razón. Si por medio de nuestras facultades sensitivas sentimos que esa presencia divina se manifiesta concretamente en nosotros, todo nuestro ser físico y psíquico va a recoger los beneficios. A partir de ese momento, la razón puede jugar un rol activo y positivo junto a la fe apoyándola por el discernimiento y el razonamiento.

Pero, la razón se muestra insuficiente aun cuando nos da un mejor conocimiento de lo Divino. No podemos quedar satisfechos con un acercamiento racional a las realidades esenciales. Si la transmisión de una herencia espiritual pasa en principio por los sentidos, seguidamente la razón va a elaborar conjeturas y a construir teorías a partir de los datos sensibles que ha recibido. Las diversas concepciones que tenemos del paraíso, del infierno, y de los nombres divinos provienen entonces de construcciones intelectuales.

La razón debe tomar conciencia que aquello que ella elabora conceptualmente puede encerrarla en especulaciones abstrusas y confusas. En nuestras percepciones, los sentidos no son más que herramientas que permiten recibir la información que proviene del mundo exterior, pero es a la razón que le toca el rol de tratarla e interpretarla. Por ejemplo, todo aquello que vemos tiene por efecto producir espontáneamente juicios en nuestro espíritu.

Esta facultad intelectual constituye entonces en el hombre la llave que va a permitir abrir o cerrar el acceso a una comprensión más profunda de lo Divino.

La lectura por Él

¿Cómo evitar que la razón se encierre en construcciones intelectuales mortíferas? La enseñanza tradicional propone un tercer nivel de lectura que consiste en leer la existencia, ya no a través de los sentidos o la razón, sino por «tu Señor». El versículo lo especifica muy bien: por «tu» Señor y no por «el» Señor, porque la lectura se torna revelación de Él para nosotros. A ese respecto, al comentar una sabiduría de sidi Abû Madyan: «Mi Dios, llévame a comprender por Ti, porque no podemos comprender por Ti sino gracias a Ti», el Sheij al-'Alâwî nos dice:

> Es una de las más nobles estaciones a las cuales pueden acceder los Conocedores, sobre todo aquellos que ejercen una función de maestría espiritual: es aquella que llamamos la estación de la inspiración revelada *(wahy al-ilhâm)*. Es a través de esta inspiración que el conocedor guía a sus discípulos y además se guía a sí mismo [...]. En efecto, él es el depositario del secreto de la divinidad, y no es conveniente colocar ese secreto en un lugar inadecuado ni comunicarlo a gentes que no tienen las calificaciones requeridas. Es porque él comprende aquello que viene de Dios que acuerda a cada cosa la importancia que le corresponde y actúa siempre conforme a las exigencias del momento.
>
> Esta manera de actuar corresponde a lo que llamamos la «perspicacia» espiritual *(fatâna):* los enviados disponen de ella necesariamente. Aquel que no comprende por Dios no tiene nada; yo he escrito en ese sentido:
> «Aquel que comprende por Dios vive en gracia divina; va allí adonde Dios le guía, bien informado y clarividente. Aquel que nada comprende vive en tormento.
> No comprende la sabiduría divina que se oculta en lo útil y en lo perjudicial».[5]

---

5. Sheij al-'Alâwî, *Sagesse céleste, op. cit.,* pp. 412-413.

La experiencia de la inspiración revelada es la condición para que el hombre se vuelva el canal por el cual se expresa el conocimiento de la verdad esencial. Leer la vida por Él, no es negarse, sino al contrario, afirmarse plenamente, pero por Él. Antes era una afirmación fundada sucesivamente sobre los sentidos y la razón que son facultades limitativas. De ahora en adelante, esto se hará por la Verdad misma. Alí, el primo y compañero del Profeta, decía:

> No busques la verdad por las astucias de las criaturas (o de los hombres) sino la verdad por ella misma.

Aun las ideas y teorías más sutiles son, de hecho, impotentes para dar cuenta de la realidad divina. Por el contrario, la tercera lectura se hace por Él, por «tu Señor» cuando es Él mismo quien se manifiesta a través nuestro.

La continuidad de las tres lecturas

Pero «por tu Señor», también significa adquirir una conciencia más atenta del Viviente. Si es a partir del despertar de nuestros sentidos que hemos recibido nuestra primera iniciación al Viviente, es a través de la razón que va a proseguir, con la condición de que ésta reconozca, al mismo tiempo, sus propios límites. Cuando antes de cada comida utilizamos la fórmula consagrada: *Bismillâh*, «en el nombre de Dios», lo hacemos a menudo por hábito sin conocer su verdadero sentido. Esto es lo mismo para numerosos comportamientos religiosos adoptados por puro mimetismo más allá de toda consideración del sentido profundo de las fórmulas rituales. Este estado demuestra que la transmisión no está verosímilmente asegurada porque el contenido espiritual se ha perdido y necesita ser redescubierto. Para vivir profundamente lo que esas fórmulas encubren, debemos pasar progresivamente por los tres niveles de lectura: por los sentidos, por la razón, para finalmente desembocar en la lectura por el intelecto supremo «por tu Señor».

Hay una continuidad entre estas tres lecturas. Es por ello que del éxito de una depende también el éxito de la otra. Si somos permanentemente concientes de ello respetaremos al Viviente en su totalidad. ¡Es necesario reconocer siempre la existencia de este atributo divino! O bien aceptamos la posibilidad de una tercera lectura y pasamos a la etapa de la inspiración revelada, o bien nos encerramos en nuestra primera o nuestra segunda lectura sin poder hacer jamás la experiencia unitiva del Viviente en sí mismo.

En cada una de las etapas, debemos tratar con residuos de ilusiones, puesto que no nos damos cuenta que tanto los sentidos como la razón, son facultades de conocimientos limitados. Todas las ilusiones serán disueltas sólo al nivel de la tercera lectura dado que ésta se hace por Él. Es cuando el Espíritu comprende por Dios que el ser puede dar a luz su propia revelación.

12

La adoración divina

El Nombre del Adorado

Cuando nuestra conciencia alcanza el punto culminante del Real Verdadero, Dios se nos manifiesta a través de todas las realidades de donde surge el Viviente. La realidad de la Unicidad religa a sí mismo, sintetiza y densifica todas las realidades contingentes que constituían anteriormente nuestro mundo. En ese momento tomamos conciencia de este inmenso telón que caracteriza al Viviente: el Todo está conectado al Todo, lo Uno a lo múltiple. No hay azar ni necesidad, solamente la Unicidad. No queda entonces en nosotros más que un solo estado que permite afirmar nuestra realidad de ser: el estado de adoración. Constatamos que ningún átomo presente en la creación no existe sin tener su marca o su firma. El Sheij al-'Alâwî decía:

> No hay un solo átomo sobre el cual no esté inscrito el Nombre del Adorado.

La dimensión cognitiva de toda realidad se explica por el hecho de que los elementos y los seres que componen el universo no pueden armonizarse, comunicar, fecundizarse, transformarse y reconocerse sino por el estado de adoración. Este estado permite la existencialidad de cada átomo. Es por ello que está escrito:

> Sólo he creado a los genios y a los hombres para que me adoren.
>
> Corán, LI, 56

En consecuencia, las criaturas en su totalidad como en su especificidad de hombre y de *dyinn* (genios) son creadas para responder a esa necesidad de adoración que, para ellas, es vital. Ese versículo pone en escena dos entidades opuestas por su naturaleza como lo son el *dyinn* y el hombre, como la antimateria lo es a la materia y la realidad física a la realidad psíquica. La revelación coránica les recuerda que la adoración es, para uno y para el otro, la esencia misma de su realidad, como el centro lo es para los rayos cuando él reparte las cargas, el movimiento y la energía. Si uno de los rayos se separa, se vela, deviene para el conjunto de la rueda y del círculo un elemento de daño y perturbación.

No olvidemos que la función del rayo es estar ligado a la vez al centro y a la periferia, jugando plenamente su rol en esa rueda de la vida, que está perpetuamente en movimiento para producir la energía vital del amor. La adoración de la que hablamos aquí es la sublimación del amor; adorar es amar sin cuenta, amar hasta el infinito.

¿Qué ha sido hoy de la adoración en los fieles que llenan las sinagogas, los templos, las iglesias y las mezquitas? El sentido de la adoración, el que eleva y aproxima, no puede surgir sino del centro del hombre, el corazón de su conciencia hacia el «Trono divino», centro de todos los centros. La confusión con la cual nos encontramos hoy es que un gran número de fieles y de religiosos han transformado la adoración en ritualismo, un formalismo y un conformismo. Los rituales en su origen alimentaban, guiaban y dirigían esa adoración hacia el principio de la Unicidad para que el ser no se extraviara hacia la adoración de falsos dioses. Daban sentido y profundidad a esa relación de amor que liga al hombre al ser amado. Alimentaban y despertaban en el hombre el deseo de elevarse a la conciencia divina universal por intermedio de la cual podía finalmente unirse al resto de la creación. Desafortunadamente, asistimos a una inversión del sentido, el hombre no adora más a Dios, adora los rituales, la religión a la cual pertenece. Esto le produce rencor, más aún el odio hacia aquellos que adoran a Dios de manera diferente a él. De la religión del amor y la compasión hemos pasado a la religión de la denigración y el enfrentamiento. Nos servimos de los dictados divinos, los unos contra los otros y ya no los unos por los otros. La ayuda mutua, la solidaridad y el diálogo sincero son valores universales contenidos en todos los mensajes revelados a todos los hombres desde la noche de los tiempos. Todos los fundadores de religiones, cuando leemos su historia, nos hablan de amor, de compasión, de misericordia, en cualquier época. Sin embargo, aquellos que pretenden hablar en su nombre se comportan a menudo en contra de esos principios.

No olvidemos que el judaísmo no nació en una sinagoga, ni el cristianismo en una iglesia, ni el Islam en una mezquita, ni aun el budismo en un templo. ¿Dónde y cómo nacieron esas religiones? Todas nacieron, si excepción, en la soledad, el retiro y la pura adoración. La historia de los Profetas, de los enviados y de los sabios son ejemplos que nos muestran hoy que la relación por adoración al principio primero –Dios– no estaba sometida a ningún condicionamiento cultural. Los seres adoraban a Dios en al amor y la libertad. Buscaban llenar sus corazones de luz por la adoración y no sus mentes con reglas y doctrinas que se volvieron, a través del tiempo, cada vez más opacas al punto que nos velan el claro camino que nos trazaron. El Profeta Mohammed les decía:

> Haced la vía fácil y no difícil. Anunciad la buena nueva, callad la mala.

Si la religión se torna un conjunto de reglas y de condicionamientos psíquicos y se vive como un obstáculo ejercido por el peso de la culpabilidad, entonces ella nos aleja de Dios. Ya no es más en la proximidad y en el amor que nosotros lo adoramos sino en el temor y el alejamiento, mientras que Él mismo ha decretado en un *hadîth qudsî*:

> Mi Misericordia ha precedido a mi furia.

La creación soporte de la adoración

Antiguamente, los campesinos se quitaban sus zapatos cuando pisaban un área de cultivo. Era un área sagrada: caminaban con los pies desnudos sobre el trigo por respeto, porque pensaban que cada grano de trigo llevaba el Nombre de Dios. Vemos hasta dónde podía llegar esa adoración en los hombres simples. Imaginemos un mundo donde la relación con la creación se vuelve un soporte de meditación que nos incita a tomar conciencia del milagro de la vida. Una palabra profética dice.

> No meditéis en Dios por sí mismo (en su absoluto), meditadle a través de su creación.

El Emir Abd el-Kader nos aclara este tema diciendo:

La multiplicidad sólo existe en las envolturas por las cuales ella se muestra y en las formas por las cuales ella brilla. Es que los cuerpos son casas oscuras, de negras regiones que, cuando las luces del alma entera las recubren, brillan y destellan por esas luces que desbordan de ella. Es así que los lugares envueltos por la luz del sol brillan aún cuando la luz de ese astro sea una y no múltiple. El disco del sol es único, ésa es su esencia. Sin embargo, la luz que de él emana ilumina numerosos lugares que se multiplican por la irradiación.[1]

Así, la creación deviene el elemento que refleja en todas sus partes la luz divina que nos indica la fuente de donde emana esa energía que da a todo ser forma y vida.

La adoración no es solamente orientarse hacia un lugar geográfico, es también orientarse hacia una dirección que nos recuerda en todo momento esa presencia divina. ¿Cuando amamos a una persona al punto de adorarla, qué sentimos? El simple hecho de sentirnos en presencia del ser adorado nos deja ya colmados; ello nos reconforta y nos hace olvidar nuestros temores e inquietudes. Si estamos fatigados, la fatiga desaparece; si sufrimos, el sufrimiento se atenúa. Al lado del ser adorado, el instante toma otro sabor, la vida en sus aspectos más pequeños se vuelve agradable y, como por encantamiento, la prueba se hace soportable. ¿Quién de nosotros no ha experimentado esos momentos privilegiados?

Estemos atentos a ese estado extraordinario gracias al cual podemos tener una idea de aquello que embellece esa relación de adoración que nos liga a Dios.

La armonía de las letras

En esta creación, cada ser deviene en forma permanente una letra que, asociándose con otras, va a componer palabras,

---

1. Citado por Bruno Étienne, *Abd el-Kader et la franc-maçonnerie*, Dervy, 2008, p. 56.

que a su vez, unidas a otras palabras, construyen frases para terminar formando libros. Tomar conciencia de que todas las criaturas mantienen entre ellas lazos indispensables y sutiles conduce al ser a descubrir en cada momento esta extraordinaria posibilidad de lo divino que renueva su creación a cada instante. Releer el mundo de esta manera abre nuestro espíritu a una comprensión ilimitada y a un esclarecimiento a lo infinito del código genético del árbol de la vida, donde aun los eslabones faltantes y las especies desaparecidas tienen su lugar y su rol a jugar.

El nudo sagrado que liga a todas las criaturas entre ellas y con su Creador hace de cada uno de nosotros un receptáculo de lo divino en la medida en que somos el producto de esa evolución del Viviente deseada por Él. Acaparar lo Divino para distinguirse o servirse de su elección para estar por encima de los otros, nos priva de la alegría de vivir en buena armonía con todos los seres. Cada letra de ese alfabeto es necesaria a esa creación, si quitamos una, esa armonía y esa música celeste se detienen. Nuestro sufrimiento proviene de nuestra incomprensión de cara al verdadero sentido de nuestra existencia y de la ignorancia en la que estamos respecto del interés que nos aporta lo Divino creándonos en la complementariedad para hacernos acceder a un conocimiento de los unos y los otros:

> ¡Oh, hombres! Nosotros os hemos creado de un macho y una hembra y hemos hecho de vosotros naciones y tribus, para que os conozcáis entre vosotros. El más noble de entre vosotros, a la mirada de Dios, es el más piadoso. Ciertamente, Dios es Omnisciente y bien informado.
>
> Corán, XLIX, 13

La adoración como equilibrio del alma

El efecto de la adoración es proveer al alma de equilibrio. Si el cuerpo tiene necesidad de una buena higiene alimentaria y de vida para mantenerse en forma, lo mismo ocurre con el alma que encuentra su remedio y su armonía a través de la adoración. Ello deviene una necesidad a su pleno desarrollo, a su apaciguamiento y a la afirmación de sí mismo. Adorar provee entonces una higiene del alma tan indispensable como aquella del cuerpo, sino más, suscitando un estado de bienestar que embellece y fortifica el espíritu.

Contrariamente al cuerpo que envejeciendo pierde sus capacidades y su fuerza, el alma, por la adoración aumenta su conocimiento y su certeza en el vínculo que la religa desde el comienzo a la fuente del Viviente. Le queda entonces preparar serenamente el último retorno al océano Divino de donde ella ha emergido. No siempre nos damos cuenta que la atención que Él nos presta es constante a lo largo de toda nuestra vida. Él está permanentemente en plegaria sobre nosotros y ligado con nosotros, guiándonos siempre por su luz a efectos de liberarnos de nuestras tinieblas, procurándonos, a través de la creación, todo aquello que necesitamos para vivir: el aire, el agua, la luz, los alimentos terrestres así como los espirituales:

> Él es quien, con sus ángeles, os bendice para sacaros de las tinieblas a la luz. Es misericordioso con los creyentes. El día que encuentren a su Señor, serán saludados con: *«Salâm»* [Paz] y Él les ha preparado una generosa recompensa.
>
> Corán, XXXIII, 43-44

La caída de Adán, prototipo mismo de una humanidad consciente del Depósito *(Amâna)* que ha recibido, nos lleva a interrogarnos sobre el rol del hombre acerca de su destino y sobre la voluntad divina que la ha elevado a partir de un estado primitivo hasta la posesión consciente de un yo libre, capaz de duda y de desobediencia. Acerca de ello Mohammed Iqbal escribe:

Nuestra constitución intelectual es tal que sólo podemos tener una visión fragmentaria de las cosas. No podemos comprender la verdadera significación de las grandes fuerzas cósmicas que hacen estragos y que al mismo tiempo mantienen y acrecientan la vida. La enseñanza del Corán, que afirma la posibilidad de un mejoramiento en la conducta del hombre y en su control de las fuerzas naturales, no es ni el optimismo ni el pesimismo. Es «el mejorismo», el cual reconoce un universo en crecimiento, animado por la esperanza de la victoria del hombre sobre el mal.[2]

Esta victoria sobre nuestro propio mal y sobre aquel que perturba periódicamente al mundo nos interroga sobre el sentido de la búsqueda espiritual que hemos emprendido. Constatamos que ésta nos permite extraer las tinieblas para comenzar un mejoramiento constante de nuestro ser gracias a la luz continuamente dispensada por la fuente divina para su creación. Nuestro proyecto de vida puede concordar con el deseo de abandonarse a Él sin que nuestra libertad se encuentre afectada. Si Dios al crearnos ha tomado el riesgo de tenernos confianza a pesar de las imperfecciones de nuestro ego, ello es la prueba más manifiesta de amor infinito que Él tiene indistintamente a todas sus criaturas.

Volver a Él es justificar la confianza que Él ha depositado en el hombre desde los comienzos de la humanidad. Después de haber sido un elemento estabilizador que modera nuestro comportamiento, nuestro carácter y eleva nuestro pensamiento a lo universal, la adoración deviene una acción creadora con la cual el hombre coopera plenamente. M. Iqbal desarrolla precisamente esa idea cuando escribe:

> En el fondo de su ser el hombre, tal como lo concibe el Corán, es una actividad creadora, un espíritu ascendente

---

2. Mohammed Iqbal, *Reconstruire la pensée religieuse de l'islam*, Éd. du Rocher, col. «Traditions», 1996, pp. 81-82.

que se eleva de un estado a otro «[...] de estado en estado seréis llevados hacia adelante» (Corán, LXXXIV, 17-20). El destino del hombre es participar en las aspiraciones más profundas del universo que lo rodea y modelar su propio destino así como el del universo, tanto adaptándose a las fuerzas del mismo como empleando toda su energía para disponer de sus fuerzas al servicio de sus propios fines y designios. Y en esa continuidad de cambios progresivos, Dios se vuelve su cooperante, con la condición de que el hombre tome la iniciativa: «En verdad, Dios no cambiará la condición de los hombres, hasta tanto ellos no hayan cambiado aquello que está en ellos mismos».[3]

Corán, XIII, 11

El último reencuentro

Desde esa perspectiva, el hombre descubre que su destino no se limita a una vida terrestre condenada a la finitud, sino, al contrario, a un nacimiento y un renacimiento después de la muerte a través de una resurrección que le confiere la inmortalidad. La vida terrestre es entonces una preparación en vista del último reencuentro, en la medida en que las acciones aquí abajo condicionan la salvación del alma después de la muerte aun cuando la felicidad de cada uno es sólo de la incumbencia de Dios. La muerte deviene un pasaje hacia aquello que el Corán llama el *barzakh* y que presenta alegóricamente como un istmo:

> Él es quien ha hecho que las dos grandes masas de agua fluyan: una, dulce, agradable; otra, salobre, amarga. Ha colocado entre ellas una barrera y límite infranqueable.
>
> Corán, XXV, 53

---

3. Citado en H.A.R. Gibb, *Les Tendances modernes de l'islam,* Maisonneuve, 1949, p. 111.

Según la experiencia de ciertos sufís, el *barzakh* designa a la vez una modificación del estado de conciencia por el hecho de que el «yo» se libera del condicionamiento espacio-temporal exigido por su vida terrestre, y un lugar de transición donde el alma humana se prepara para adaptarse a los nuevos aspectos de una realidad trascendente. La muerte deviene entonces el canal por el cual las almas transitan sea hacia el paraíso, el lugar de los reencuentros y de la reconciliación, sea, al contrario, hacia un purgatorio para extirpar las escorias del alma endurecida, la cual deviene, una vez purificada, nuevamente apta para recibir la gracia y la misericordia divinas. Las descripciones imaginarias del paraíso y del infierno que relata el Corán son representaciones visuales de diferentes estados interiores específicos del hombre. Mientras que el infierno es, según los dichos de M. Iqbal, «La dolorosa toma de conciencia por un hombre de su fracaso como hombre», el paraíso es «La alegría de haber triunfado sobre las fuerzas de la desintegración».[4]

Ello nos invita a reflexionar y a meditar sobre la condición humana y sobre el grado de elevación de nuestra inteligencia para asir lo inasible por la experiencia vivida, como lo sugiere el versículo coránico:

> En la creación de los cielos y de la tierra y en la alternancia de la noche y el día hay, ciertamente, signos para los dotados de intelecto [...]
>
> Corán III, 190

---

4. *Op. cit.*, p. 123.

Conclusión

La vida es un campo de investigación ilimitada. Feliz aquel que no se detiene en las formas y en los discursos estériles que reducen la aventura humana a un camino estrecho y conformista.

Esforcémonos en extraer sentido de la esencia de las realidades que abrazan la vida bajo todos sus aspectos. Comprendemos entonces que la curación del alma individual y la del alma del mundo no se pueden operar sino a través de una nueva manera de ser y de una conversión de nuestra mirada sobre nosotros mismos, los otros y el mundo. No existe terapia hecha a medida que proceda de una definición o una clasificación de las diferentes enfermedades que afectan ordinariamente al alma y cuerpo humano, de las cuales se pueda extraer todas las enseñanzas y prácticas necesarias, garantizando con seguridad la curación del paciente. La mayoría de las veces el hombre crea las enfermedades que sufre y las alimenta, más o menos conscientemente, por sus propios temores, sus fantasmas o incluso sus ilusiones. Es difícil acostumbrarse a la idea de que el cuidado del alma depende, especialmente, de uno mismo más que de su terapeuta. Por añadidura, no siempre se tiene en cuenta que la realidad material y espiritual emana de un acto creador único y en perpetua renovación del cual brota instantáneamente de la nada el ser bajo sus múltiples manifestaciones, desde sus formas más groseras hasta las formas más sutiles.

Él es el Creador que no cesa de crear.
Corán, XV, 86

Tomar conciencia de que todo procede de Él en un surgimiento incesante, sin que jamás su creación pueda agotar las posibilidades infinitas que Él oculta, debe ponernos en guardia contra las soluciones definitivas, las respuestas prefabricadas y falsamente tranquilizadoras de un mundo prometeico que tuvo la pretensión de haber encontrado, gracias al progreso de la ciencia y de sus aplicaciones técnicas, la panacea universal, y que produce, en lugar de una humanidad apaciguada y liberada de sus deseos ilusorios, una humanidad desorientada y perturbada por la extrema vulnerabilidad de su condición terrestre y la incertidumbre de su porvenir. El mensaje universal del Islam nos invita a una visión totalmente diferente de la humanidad haciendo de cada uno de nosotros el *Khalîfa* de Dios sobre la Tierra. Pero ¿qué significa ser su representante? Es comprender ya que no somos Él, el Absolutamente Otro. Su trascendencia absoluta compromete a la criatura que somos a no poder jamás identificarnos enteramente con Él, sin, por eso mismo, tornarlo a Él inaccesible y ausente para nosotros. Su intimidad se nos revela en la medida que encarnamos y prolongamos sobre la Tierra su acto creador único y original. Desde las múltiples etapas de la evolución humana, que ha llevado a la humanidad presente del *homo sapiens* al *homo faber* de los tiempos modernos, pueda que surja en el futuro el *homo creator*, un ser realizado, confiado y responsable para finalmente responder, presente, a la llamada del propósito divino.

De su acto creador, sea de naturaleza artística, política, cognitiva o ética, nacerá la reconciliación del ser humano con su divino, del hombre consigo mismo, del hombre con su prójimo y del hombre con la creación. La visión sufí de la terapia concibe a la libertad creadora del hombre como un don de Dios quien «a insuflado en él de Su Espíritu» (Corán, XXXII, 9) para que pueda crear un nuevo ser que abra a la metamorfosis de su alma después que ésta se libere de todas sus ilusiones como la mariposa que desgarra su crisálida protectora para emprender su vuelo. Revivificándose en la fuente de toda luz y de todo conocimiento, su espíritu entonces podrá cooperar libremente en la creación divina. A su mirada, hundida en las profundidades y meandros de su alma, se desvelarán el Libro de los Tiempos y el sentido del destino del hombre y de la creación. Sabrá de ahí en adelante que es llamado a trabajar en el perfeccionamiento del secreto divino para que suceda una nueva Tierra y nuevos cielos.

Índice

Introducción 11
1. «Luz sobre luz» 13
2. El despertar del Sí mismo 25
3. La Unicidad y la vía del medio 33
4. La educación de los sentidos 47
5. Confianza y abandono en Dios 63
6. Los tres estados del alma 73
7. Restablecer lo sagrado 95
8. Los tres principios del Islam 115
9. La extinción en Dios 131
10. Reencontrar el alma de la civilización musulmana 151
11. El Viviente 163
12. La adoración divina 191
Conclusión 201